Hugues Moutouh

168 heures chrono : la traque de Mohamed Merah

PLON
www.plon.fr

12, avenue d'Italie
75013 Paris
Tél. : 01 44 16 09 00
Fax : 01 44 16 09 01

ISBN : 978-2-259-22205-1

Ce livre est dédié à la mémoire des victimes de Mohamed Merah ainsi qu'aux policiers engagés dans cette tragique affaire.

Prologue

— On n'est pas au cinéma ! Restez en protection, derrière le camion. Ça peut être dangereux !

Cette voix forte était celle de Bob, le chef de cabinet de Frédéric Péchenard, directeur général de la police nationale. Physique de catcheur des années 60, tête carrée et yeux bleu clair, toujours le sourire au coin des lèvres. Il n'avait pas la langue dans sa poche et la poigne ferme. Pas grand-chose ne l'impressionnait, surtout pas les « officiels », ce qui tombait plutôt bien.

Nous étions une petite vingtaine de VIP à être placés à proximité immédiate d'un imposant camion blindé installé en travers de la rue du Sergent-Vigné, à son intersection avec le chemin du Coin-de-la-Moure. Ce camion ressemblait à ceux de la Brink's, mais en noir. On pouvait lire dessus, en grosses lettres : GIPN*. Sans qu'on lui ait rien demandé, Bob s'était chargé de faire respecter les consignes de sécurité. Normal, c'était « son » camion. C'est lui qui l'avait fait venir exprès de Marseille, la veille. Il n'en existait que trois exemplaires.

* Groupe d'intervention de la police nationale.

Les services en attendaient d'autres, mais l'argent manquait.

Bob était le type d'homme qui avait porté la débrouillardise au rang d'art. Il était capable de vous dénicher des D4 de Partagas, les cigares favoris de son patron, au milieu de nulle part. Ses états de service parlaient pour lui : la Crim', l'antigang et le SPHP, le Service de protection des hautes personnalités. Les fameux « gorilles » de la République. Il avait protégé Balladur à Matignon, et Sarkozy avant 2002, pendant sa traversée du désert.

Autour de nous, le quartier était cossu, situé sur les hauteurs de l'est de la ville. Ses petits immeubles locatifs et ses pavillons bourgeois respiraient la tranquillité et le bonheur des vies sans histoire. Tout le gratin de la police était là, à mes côtés, avec le ministre de l'Intérieur, Claude Guéant, le préfet de région, Henri-Michel Comet, le procureur de Paris, François Molins, et un tas de gens « qui comptent », comme on dit. À une dizaine de mètres derrière nous, se trouvaient la plupart des flics qui avaient participé à l'enquête : des agents de la DCRI*, de la PJ locale et des BRI** alentour. Ils ne voulaient rater ça pour rien au monde.

En retrait sur notre gauche, dans le prolongement du chemin du Coin-de-la-Moure, se tenait rassemblé un détachement de sapeurs-pompiers prêts à intervenir, avec un véhicule de secours et d'assistance en appui. Certains me semblaient bien jeunes. Des faces de poupons. Ils paraissaient très émus. Il y avait effectivement de quoi être impressionné.

---

* Direction centrale du renseignement intérieur.

** Brigades de recherche et d'intervention.

Au fond de cette rue, à 500 mètres environ, des barrières métalliques protégées par quelques CRS arrivaient difficilement à contenir une centaine de personnes qui se bousculaient : curieux, voisins, et surtout journalistes. Ils avaient débarqué en meute la veille, avec toute leur panoplie : une forêt de perches, de caméras et de micros. De loin, on aurait dit un gros porc-épic. On les sentait terriblement frustrés de ne rien voir. Ils auraient pu entendre, s'ils avaient daigné arrêter de s'engueuler. L'un de mes amis d'enfance, Alex, était là, perdu dans cette horde indisciplinée. Il était venu pour me voir et je n'avais même pas encore eu le temps d'aller le saluer.

En levant les yeux, on devinait dans l'immeuble qui faisait l'angle, sur la gauche, les visages de locataires, pressés contre les vitres. De temps à autre, timidement, on voyait sortir, par un vasistas entrouvert, une petite caméra amateur, tenue à bout de bras. À défaut de filmer l'action, ce voisin enregistrait nos faits et gestes. Maigre consolation !

Seul le périmètre immédiat du lieu de l'assaut avait été évacué la veille. Les voisins les plus proches avaient été sortis par les sous-sols et l'arrière de leur immeuble, parfois à l'aide d'échelles. On avait ainsi vu descendre, par petits groupes, dans le calme, des familles entières, guidées par des pompiers. Les enfants paraissaient ravis. Les adultes beaucoup moins. L'angoisse se lisait dans leurs yeux. Apprendre que l'on habite à quelques mètres de l'ennemi public numéro 1 n'est pas du genre à vous rassurer. J'imaginais leur surprise puis leur frayeur en écoutant les nouvelles.

Maintenant, tout le monde avait peur. Je regardais autour de moi. Je voyais les mâchoires se crisper, les gens arrêter de respirer. Les bavardages avaient cessé. Quelques minutes auparavant, une scène invraisemblable s'était déroulée juste sous nos yeux : un homme, qui donnait l'impression de s'être échappé d'un film de Tati, était sorti innocemment de son pavillon, et s'était mis à remonter tranquillement la rue du Sergent-Vigné. Quelques secondes avaient suffi pour que deux ou trois hommes du Raid, cagoulés et casqués, surgissent. Le promeneur avait été aussitôt raccompagné chez lui. Il n'était pas près d'en ressortir.

Plus le temps passait, plus je m'écartais du camion. J'aurais tout donné pour faire partie du groupe d'intervention du Raid, pour être au cœur de l'assaut, parmi eux. Plusieurs des hommes qui s'apprêtaient à entrer dans l'appartement du forcené m'étaient familiers. Une forte émotion me submergea. Je savais qu'elle ne me quitterait qu'une fois cette opération à haut risque achevée.

À ce moment précis, je prenais conscience du caractère vraiment extraordinaire de ce que j'étais en train de vivre depuis plusieurs jours : la plus grande traque policière de ces vingt dernières années. Et je ne la vivais pas de mon bureau, place Beauvau, à travers les synthèses d'actualité de la Direction générale de la police nationale, mais sur le terrain, auprès d'hommes que je connaissais bien pour la plupart.

Cette situation privilégiée, je la devais à la confiance et à l'amitié des principaux responsables de la police : Christian Lothion, patron de la PJ, Bernard Squarcini, directeur de la DCRI, Amaury de Hauteclocque, chef du Raid, et, bien sûr, Frédéric Péchenard. Sans la relation particulière qui m'unissait à eux, jamais je n'aurais pu être associé d'aussi près à cette enquête, vivre aux côtés des services, partager chacune de leurs interrogations, chacun de leurs doutes.

Rarement ai-je eu l'impression, dans ma vie, de me sentir autant impliqué dans un événement, d'être si totalement absorbé, englouti même. Quatre jours, pas plus de dix heures de sommeil. Et pourtant, je ne ressentais presque aucune fatigue.

1

C'était ma deuxième campagne électorale, mais à la différence de la précédente, je la regardais, cette fois, depuis la place Beauvau, sans éprouver de regrets. J'avais déjà vécu une campagne de près, et quelle campagne : l'élection de 2007 ! Elle avait eu quelque chose de magique. À l'époque, j'avais suivi Nicolas Sarkozy dans son QG de campagne de la rue d'Enghien, avec beaucoup d'enthousiasme. Le quartier avait quelque chose d'assez improbable pour un candidat de la droite décomplexée, qui plus est ancien ministre de l'Intérieur. On y croisait à toute heure du jour et de la nuit des Kurdes en délicatesse avec le régime de Recep Tayyip Erdoğan et un bon nombre de clandestins.

Mais en fin de compte, nous étions ravis d'être là, dans cet univers épicé et chaleureux. Nos bureaux étaient logés dans un magnifique immeuble, orné d'immenses verrières cintrées, qui avait abrité durant le XXe siècle, tour à tour : *Le Petit Parisien*, l'atelier de Paco Rabanne, et le cabinet de l'architecte Ricardo Bofill. Nous n'étions qu'une poignée de permanents, toujours sur la brèche, vivant au rythme épuisant du candidat, préparant ses déplacements quotidiens et nourrissant son insatiable appétit par des propositions diverses. Il faut avoir participé, au moins une fois dans sa vie, à une campagne présidentielle, en se trouvant plongé au cœur du réacteur, pour comprendre ce qu'est vraiment la politique : un sport de combat épuisant.

Cette fois-ci, les choses étaient différentes. Autour de moi « l'envie d'avoir envie » semblait bel et bien avoir disparu. On ressentait un peu partout de la lassitude. Les vieux grognards avaient l'air fatigués. Quant aux Français, ils n'éprouvaient plus le même désir qu'en 2007. C'était malheureusement visible. Le difficile exercice du pouvoir était passé par là, avec son lot de déceptions et d'amertume. En un mot, la campagne pesait comme un lourd fardeau, et tout le monde paraissait pressé de s'en débarrasser. Pourtant, nous avions encore, à l'époque, toutes les raisons d'y croire. Quelques jours auparavant, les courbes des intentions de vote s'étaient croisées. C'était enfin la bonne nouvelle que nous attendions tous depuis des mois.

L'Intérieur est l'un des seuls ministères à fonctionner à peu près normalement à cinq semaines du premier tour, urgence oblige. Les administrations y pratiquent moins qu'ailleurs la grève des parapheurs, qui consiste à ne plus rien faire remonter au cabinet du ministre. À chaque échéance nationale, c'est la même chose : les bureaux marchent au ralenti, dans une sorte d'attentisme prudent. Les hauts fonctionnaires, hier si zélés, se font de plus en plus distants. On a l'étrange impression que les cabinets ministériels sont devenus subitement des léproseries : les directeurs et sous-directeurs les fuient, de peur d'être compromis.

En ce jeudi 15 mars 2012, on s'affairait donc, place Beauvau, comme d'habitude ou presque. Conseiller spécial, notamment en charge des questions de sécurité auprès du ministre, j'avais la chance d'avoir dans l'administration des interlocuteurs d'un grand professionnalisme et d'une parfaite loyauté. Le dernier gros dossier brûlant qui nous avait mobilisés quelques semaines auparavant était celui de Notre-Dame-des-Landes. La situation était juridiquement assez simple, mais dans les faits terriblement compliquée. Nous avions là presque 200 militants écologistes fortement teintés d'alter-mondialisme, qui occupaient le grand terrain dédié à la construction du futur aéroport nantais. La justice avait donné gain de cause aux élus qui soutenaient ardemment le projet, et désormais la force publique était légalement en mesure de procéder à l'évacuation.

Nous avions organisé plusieurs réunions de travail sur le sujet avec le préfet de Loire-Atlantique et son commandant de groupement de gendarmerie, dans le bureau du directeur du cabinet du ministre. Après réflexion, nous avions décidé de ne pas intervenir et j'avais été chargé de rédiger une note explicative à l'attention du président de la République, afin de recueillir son avis. Nous étions alors en février, à deux mois de l'élection présidentielle, et le sujet était éminemment sensible. Le principal promoteur du projet n'était autre que Jean-Marc Ayrault, député-maire de Nantes, président du groupe socialiste à l'Assemblée nationale, et ses détracteurs étaient activement soutenus par les leaders d'Europe Écologie-Les Verts. La situation ne manquait pas de piquant : elle risquait d'envenimer les relations au sein de la gauche.

Tout d'abord, pour déloger les squatters, il fallait mobiliser une bonne vingtaine d'escadrons de gendarmes mobiles (EGM). Organisés et déterminés comme l'étaient ces militants irréductibles, l'assaut ne s'annonçait pas comme une partie de plaisir. Ils affichaient d'ailleurs la couleur : ils avaient rebaptisé les 1 650 hectares de la zone d'aménagement différé destinée au projet : la « Zone à Défendre » ! Le message était clair. On pouvait légitimement redouter des blessés de part et d'autre, surtout si des groupes d'anarchistes autonomes radicaux, venus de toute l'Europe, accouraient pour leur prêter main-forte. Par ailleurs, une fois l'opération réussie, il fallait encore empêcher les personnes évacuées de revenir s'installer dans notre dos, ce qui était inconcevable, sauf à vouloir faire camper les gendarmes dans les bois jusqu'à la fin des travaux. Bref, l'intervention à Notre-Dame-des-Landes était matériellement impossible et son échec programmé.

Excepté cette affaire un peu particulière, mon attention était alors concentrée sur les derniers chiffres de la délinquance. Plusieurs années auparavant, nous nous étions engagés à publier un tableau statistique mensuel complet, et la pression se faisait sentir à mesure que nous nous approchions de l'élection présidentielle. Les règles du jeu étaient toutefois faussées par l'extrême polarisation politique qui entourait ces chiffres : s'ils étaient bons, les journalistes les ignoraient ou allaient même jusqu'à les suspecter, s'ils étaient décevants, ils apportaient la preuve de notre échec et, plus généralement, de celle de la politique de sécurité du Président. Fort heureusement nous n'avions pas à pâlir de nos résultats. J'avais le sentiment que nous avions, à l'Intérieur, rempli notre mission et que Nicolas Sarkozy pourrait se représenter devant les Français avec un bilan dont il n'aurait pas à rougir, qu'il s'agisse de la lutte contre la délinquance ou de la maîtrise de l'immigration.

Plus généralement, notre agenda au cabinet était consacré à faciliter la vie quotidienne de notre ministre, Claude Guéant. Je le connaissais très bien pour l'avoir rencontré dès 2003, puis pour avoir travaillé au cabinet de Nicolas Sarkozy deux années plus tard, ici même, place Beauvau. À la fin du mois de février 2011, j'occupais les fonctions de conseiller à la présidence de la République lorsque le Président avait décidé de faire de son secrétaire général le troisième ministre de l'Intérieur de son quinquennat. Guéant m'avait aussitôt demandé de le suivre dans cette maison qu'il connaissait mieux que personne pour y avoir passé la plus grande partie de sa carrière. Je n'avais pas hésité un instant en dépit de la fierté que j'éprouvais à travailler à l'Élysée, auprès de Nicolas Sarkozy. J'allais enfin pouvoir me consacrer pleinement aux questions de sécurité qui me passionnaient depuis longtemps. Mais surtout, c'était l'homme, Claude Guéant, que je suivais, vraie figure de la haute fonction publique et du corps préfectoral, qui forçait le respect de ses amis autant que de ses ennemis. Ces derniers l'avaient surnommé « le Cardinal », en référence à sa prétendue passion pour le pouvoir et, ce qui va avec, son goût immodéré pour la centralisation. Comme toujours, les réputations comportent souvent une part de vérité, mais ma fréquentation quotidienne de l'homme, pendant des années, me permet de dire que ce portrait était très largement usurpé. J'avoue même, parfois, avoir regretté sa trop grande magnanimité là où l'intransigeance cardinalice d'un Richelieu eût été bienvenue.

Guéant avait constitué autour de lui une petite équipe très soudée. Sans se laisser impressionner le moins du monde par les échéances électorales, le cabinet continuait à préparer consciencieusement chacun de ses déplacements et de ses discours, en plus de la gestion administrative quotidienne du ministère. Ce jeudi 15 mars 2012, le ministre avait ainsi pris la parole aux XIXe Journées européennes des représentants territoriaux de l'État, à la préfecture de région d'Île-de-France, et, le lendemain, nous lui avions organisé un petit périple dans le Limousin. Ancien préfet de la Creuse, j'avais en effet insisté pour que Claude Guéant se rende dans ce beau département demeuré cher à mon cœur.

2

La nouvelle tomba en début d'après-midi, alors que je revenais d'un déjeuner au Griffonnier, ce restaurant gastronomique bien connu des hauts cadres de la police, à deux pas de la place Beauvau. J'étais à mon bureau, celui qui se situe au rez-de-chaussée, immédiatement à droite quand on entre au cabinet du ministre, et qui présente l'avantage d'avoir deux grandes fenêtres s'ouvrant sur la cour. La sonnerie caractéristique du Rimbaud, cette seconde ligne téléphonique sécurisée qui se trouve sur le bureau des principales autorités de la République, se fit entendre.

— Bon, eh bien, je pense que nous avons un tueur de paras en liberté.

J'avais le directeur général de la police nationale au téléphone, Frédéric Péchenard. Il m'informait que, à Montauban, trois militaires en tenue du 17e régiment de génie parachutiste venaient d'être abattus par un individu pilotant un scooter de couleur noire, casqué, visière relevée, muni d'un pistolet semi-automatique. Les victimes étaient le caporal Abel Chennouf et les soldats de première classe Mohamed Legouad et Loïc Liber.

En le questionnant, j'apprenais que le premier avait été tué sur le coup, d'une balle dans la tête et d'une autre dans le cœur. Le deuxième, d'abord blessé d'une balle dans la poitrine, avait trouvé la force de ramper sur quelques mètres, pour essayer de se mettre à l'abri dans une boulangerie toute proche, mais il avait été rattrapé et achevé par son agresseur. Quant au troisième, grièvement blessé à la tête, il venait juste d'être transféré au centre hospitalier de Montauban dans un état critique. Son diagnostic vital était engagé.

Cela ressemblait fort à une exécution. Le meurtrier n'avait apparemment laissé aucune chance à ses victimes, tirant sur elles alors qu'elles étaient en train de retirer de l'argent à un distributeur. Treize balles avaient été tirées au total, la plupart atteignant leurs cibles. L'enquête ne faisait que commencer, mais d'après les premiers indices recueillis, le tueur avait fait preuve d'un sang-froid étonnant. On l'avait vu arriver tranquillement en scooter, se garer à quelques mètres des soldats, s'approcher des trois hommes et ouvrir le feu par-derrière, presque à bout touchant. La façon dont il avait achevé de plusieurs balles dans la tête sa deuxième victime montrait que l'on avait affaire à un homme déterminé à tuer.

Une chose préoccupait particulièrement Frédéric : quatre jours plus tôt, à Toulouse, le dimanche 11 mars dans l'après-midi, un autre militaire parachutiste, le sergent-chef Imad Ibn Ziaten du 1er régiment de train parachutiste de Francazal, avait également été abattu d'une balle en pleine tête, par un individu monté sur un scooter de couleur noire et portant un casque sombre.

Malgré l'intervention rapide des pompiers et d'une équipe médicale d'urgence, ce jeune sous-officier prometteur de trente ans, bien noté et apprécié de sa hiérarchie, était mort sur place une heure après. L'affaire n'avait pas, alors, fait l'objet d'un signalement particulier. Certes, il s'agissait d'un homicide, ce qui n'est jamais anodin, surtout lorsque la victime est un soldat. Mais comme le relatait la presse régionale juste après les faits, le sergent-chef parachutiste, qui n'était pas en service à ce moment-là, ne portait pas d'uniforme. Selon les premiers éléments de l'enquête, la victime circulait à moto et s'était arrêtée momentanément derrière le gymnase du Château de l'Hers. Il avait été rejoint par un second motard qui l'avait abattu avant de prendre la fuite. En fin de journée, Michel Valet, le procureur de Toulouse, avait seulement fait état d'un meurtre par arme à feu, dont la victime n'avait aucun antécédent judiciaire.

Lors de notre réunion de police du lundi, nous avions bien entendu évoqué cette affaire, mais sans que rien la distingue vraiment des autres faits divers. Depuis 2004, la coutume voulait, en effet, que se tienne au cabinet du ministre de l'Intérieur, trois fois par semaine, une réunion de synthèse des faits criminels les plus marquants des deux derniers jours, en présence des trois grands patrons de la sécurité : le préfet de police (PP), le directeur général de la police nationale (DGPN) et le directeur général de la gendarmerie nationale (DGGN). Auparavant, lorsque Claude Guéant était directeur du cabinet, ces réunions se tenaient quotidiennement. C'était Pierre Mongin, s'installant place Beauvau avec Dominique de Villepin, qui avait décidé de les espacer un peu.

À tour de rôle, chacun présentait au directeur du cabinet, Stéphane Bouillon, ainsi qu'à moi-même, les affaires les plus intéressantes de sa zone de compétence. Trafics de drogue, vols avec violence et règlements de comptes faisaient l'objet d'une analyse détaillée. Michel Gaudin, le « PP », était intarissable sur chacun des faits divers qu'il commentait et surtout sur leurs auteurs, qui finissaient par lui être familiers à force de récidiver. De telles réunions étaient instructives, en dépit de leur caractère répétitif, parce qu'elles nous permettaient de rester en contact avec la réalité et de nous faire une idée précise de l'état de la criminalité en France et du profil des délinquants comme de leurs derniers modes opératoires.

Au lendemain du meurtre de ce jeune militaire parachutiste, toutes les pistes étaient explorées, dont celle d'un *bike jacking* ayant mal tourné. L'affaire était suivie localement par le Service régional de police judiciaire (SRPJ) de Toulouse. Évidemment, les événements de Montauban changeaient la donne.

— Je suis flic depuis suffisamment longtemps pour ne pas croire aux coïncidences.

Ces paroles n'étaient pas celles d'un préfet, directeur général de la police, mais celles d'un ancien patron de la Crim' et de l'antigang. Je connaissais Frédéric depuis sept ans et j'avais, comme tout le monde, la plus grande confiance en lui. Il était, aux yeux de beaucoup, l'un des derniers grands flics de France, dans la lignée des vieilles légendes de la police judiciaire : Robert Broussard, Ange Mancini, Jo Querry entre autres. Pourtant, rien ne destinait ce fils à papa à entrer dans la police. Son père, avocat d'affaires réputé, n'avait pas vraiment apprécié son choix. Alors que Frédéric passait le concours de commissaire, il lui avait avoué qu'il était partagé entre deux hontes : celle qu'il réussisse et celle qu'il échoue. Il avait tort. Son fils allait devenir, non seulement un très bon flic, mais surtout un grand patron charismatique, imposant le respect et suscitant l'admiration de ses hommes.

Dans le courant de l'après-midi, notre pressentiment se trouva confirmé. Le directeur central de la police judiciaire, Christian Lothion, lui annonça que les deux séries de meurtres étaient reliées par l'utilisation du même calibre, du 11.43.

J'ai toujours été fasciné par la façon dont on peut faire parler une arme ou un calibre. Un vieux chasseur comme Christian, qui a mené des milliers d'enquêtes dans sa carrière, vu des macchabées par centaines aux quatre coins de l'Hexagone, vous dira que le 11.43, gros calibre, est une signature particulière, qui ne se confond pas avec celle des homicides au fusil de chasse, à la kalachnikov ou au pistolet automatique 9 mm. Le fusil de chasse est une spécialité du milieu corse ou manouche, une revendication du crime en quelque sorte. La kalachnikov est le plus souvent liée au banditisme des banlieues. Quant au 9 mm, c'est aujourd'hui le calibre roi du milieu, avec des armes de poing de précision et d'une grande puissance, comme le Glock ou le Sig Sauer, qui sont également celles des principales forces de sécurité du monde. Le 11.43 ? C'est le 9 mm d'hier, le calibre utilisé il y a trente ou quarante ans dans les grands règlements de comptes, quand les voyous de la pègre se tiraient dessus à coups de colt 45 US Army. Toute une époque.

Autrement dit, dans notre affaire, on pouvait légitimement penser qu'Imad Ibn Ziaten, Abel Chennouf, Mohamed Legouad et Loïc Liber avaient été abattus par quelqu'un qui n'avait pas eu accès aux meilleures armes du marché, que ce soit par manque de moyens ou de relations. Cela ne nous amenait pas loin, certes, mais c'était déjà une première indication, un premier profil, grossièrement esquissé.

On saurait le lendemain, après les résultats de l'analyse balistique, qu'il s'agissait également de la même arme. Le crime était signé : on avait maintenant la certitude d'avoir affaire à un vrai tueur de militaires. Depuis l'assassinat de l'ingénieur général Audran par Action directe, en 1985, plus aucun militaire en uniforme n'avait été tué dans notre pays. Le choc était rude. L'émotion était à son comble à Montauban et dans toute la communauté militaire.

3

La personne la plus légitime pour témoigner de la solidarité du gouvernement à l'égard des proches des victimes et de l'armée n'était pas le ministre de l'Intérieur, mais celui de la Défense. Après une brève discussion avec Claude Guéant, j'appelais le général Benoît Puga, chef d'état-major particulier du Président, pour le tenir informé de la situation, puis Gérard Longuet, qui était en pleine visite à Satory à l'occasion de la journée nationale du réserviste. En fin d'après-midi, ce dernier s'envolait pour Montauban pour apporter soutien et réconfort aux frères d'armes des victimes.

J'éprouve la plus grande admiration pour le général Puga. Un pur héros à l'ancienne, qui a sauté sur Kolwezi en 1978, alors qu'il était jeune lieutenant au 2e régiment étranger parachutiste. Puisqu'il s'agissait d'une affaire touchant d'abord l'armée, c'était lui qui était chargé d'informer régulièrement le Président de l'avancement de l'enquête. Nous étions convenus, ensemble, qu'il était opportun de mettre en état d'alerte tous les régiments composant la 11e brigade parachutiste, déployée dans le grand Sud-Ouest, à Tarbes, Pamiers, Castres,

Carcassonne, Montauban et Toulouse. Sans céder à la panique, il convenait de prendre quelques précautions, notamment renforcer la vigilance à l'entrée des bases et limiter le port de l'uniforme lors des sorties en ville. Évidemment, comme allait le préciser Gérard Longuet sur place, il n'était pas question pour nos militaires de « raser les murs », seulement d'être prudents.

L'enquête commençait juste et nous n'avions pas beaucoup d'éléments. Frédéric Péchenard avait prévu plusieurs mois auparavant de partir à Mayotte pour une tournée d'inspection qui devait durer quelques jours. Il s'envola avec regret, mais en confiance. L'affaire était, en effet, désormais dans les mains du meilleur enquêteur qui soit, Christian Lothion, puisque, à sa demande, la DCPJ * venait d'être saisie par le parquet de Montauban. Cette saisine de la Direction centrale, en plus du service de PJ local, était réservée aux affaires les plus importantes. Elle présentait l'avantage de mieux coordonner le travail des enquêteurs et, surtout, de leur assurer un soutien illimité en hommes et en moyens. Dès le jeudi soir, des renforts appréciables arrivaient à Toulouse : des hommes de la Direction interrégionale de la police judiciaire de Bordeaux, dont son directeur, François Bodin, des pointures de la police technique et scientifique, ainsi que quelques éléments de l'Office central pour la répression des violences aux personnes. À tout hasard, Christian avait également envoyé sur place les hommes de la fameuse Sous-Direction antiterroriste de la PJ (SDAT), parce que les victimes étaient toutes militaires. Un formidable rouleau compresseur était en marche.

* Direction centrale de la police judiciaire.

Christian partit à Toulouse le vendredi 16, afin de superviser l'enquête sur place. Il quitta Beauvau aux alentours de 8 heures du matin, au moment même où nous nous préparions à partir pour Villacoublay avec le ministre. Nous étions attendus à Limoges dans la matinée pour inaugurer les nouveaux locaux de l'Établissement central logistique de la police nationale et, de là, nous devions rejoindre la Creuse. La cour Beauvau était très animée, comme avant chaque départ du ministre. Chauffeurs, escortes et conseillers discutaient bruyamment en attendant que Claude Guéant descende de ses appartements. Je fis quelques pas et rejoignis Christian qui s'apprêtait à monter dans sa voiture.

À la tête de la PJ depuis quatre ans, Christian était un homme de terrain qui avait passé toute sa carrière en province, à la différence de bon nombre de ses prédécesseurs. Quand Frédéric lui avait proposé de le rejoindre à Paris pour occuper ce poste prestigieux de patron de la PJ, il avait tout d'abord refusé, craignant de ne pas être fait pour ça. Christian aimait trop son métier de flic et le terrain pour quitter la direction interrégionale de la police judiciaire de Marseille, qu'il dirigeait depuis 2006. Puis, devant l'insistance de Péchenard, il avait fini par accepter. Frédéric m'avait alors simplement dit : « Je le veux parce que c'est l'un des meilleurs. » Christian avait effectivement toutes les qualités du grand enquêteur : beaucoup d'instinct, un goût prononcé pour la chasse, de la ténacité, un solide bon sens et un esprit pratique. Il était bien l'homme de la situation.

Ce matin-là, Christian me dit que les enquêteurs n'avaient pas retiré grand-chose de l'exploitation de la scène de crime. Le tueur avait laissé tomber un chargeur approvisionné pendant la fusillade qui était parti se loger sous une camionnette, mais, à ce stade, aucune trace pouvant permettre son identification n'avait pu être relevée. Les treize étuis percutés et le chargeur avaient été adressés au laboratoire de police scientifique de Toulouse, la veille au soir. Une large enquête de voisinage ayant concerné une centaine de personnes n'avait pas permis de recueillir, selon la phraséologie officielle, « des indices de nature à orienter les recherches de manière décisive ».

Autrement dit, on n'avait rien du tout. Les faits s'étaient déroulés très vite et tout le monde était encore sous le choc. Le temps passant, on aurait droit aux témoignages fantaisistes habituels qui accompagnent les affaires médiatiques, comme celui de cette femme prétendant avoir été bousculée par le tueur alors qu'elle faisait ses courses. Elle avait donné aux journalistes, puis aux enquêteurs, des détails très précis, trop sans doute : l'homme avait « un tatouage sur la joue gauche, avec des caractères chinois, japonais ou maghrébin », et n'avait « aucun remords dans son regard, un regard que l'on n'oublie pas ». Le seul problème était que les autres témoins directs avaient affirmé que l'individu en question portait un casque intégral au moment des faits, et qu'il ne l'avait pas enlevé !

Les enquêteurs comptaient beaucoup sur les nombreux systèmes de vidéo-surveillance de la ville pour en savoir plus, mais leur exploitation allait prendre un peu de temps. Il fallait visionner en détail les bandes vidéo des voies publiques, des transports en commun, des commerces, du jeudi et des jours précédents, et s'arrêter sur des milliers d'images. Neuf mille heures de visionnage étaient nécessaires pour ne rien manquer ! Pour le moment, un rapide balayage avait été effectué. Il permettait de connaître l'heure, 14 h 20, et le déroulement des faits. Il donnait également le signalement sommaire du tueur : un jeune homme plutôt grand et mince, de type européen ou méditerranéen, portant un casque intégral de couleur noire. On connaissait le type d'arme utilisée : un pistolet automatique à canon long. En regardant en détail les images de l'auteur des faits, on avait remarqué qu'il était porteur de quelque chose ressemblant à un harnais, le même que celui utilisé par certains sportifs de haut niveau pour fixer une caméra ventrale. Au regard de ces images, le sentiment général qui se dégageait était que l'on avait vraisemblablement affaire à un homme plutôt agile et habitué au maniement des armes. On savait aussi, en suivant son itinéraire de fuite jusqu'à la sortie de Montauban, qu'il avait pris la direction de Toulouse sur son scooter.

Un fou ? Un homme ayant un compte à régler ? Un terroriste ? Un militaire frustré ? L'extrême droite ou l'extrême gauche ? L'ETA ? Un islamiste ? Toutes les pistes étaient possibles à ce stade. Une chose était sûre, en revanche, et elle était dans tous les esprits à la PJ : dans ce genre d'affaire, quand un type commence à tuer, personne ne peut prédire s'il va continuer ou s'arrêter. Pour Christian Lothion, la probabilité que l'on ait affaire à un tueur en série, quelles que soient ses motivations, était forte. Le temps jouait donc contre nous, à la différence des affaires de meurtres classiques. Une course infernale contre la montre s'engageait entre un tueur qui risquait de repasser à l'acte et, peut-être même, d'aller encore un peu plus loin dans sa folie meurtrière, et des services de police aux abois. Chacun priait pour que la série macabre cesse, tout en sachant malheureusement, par expérience, que chaque victime supplémentaire augmenterait mécaniquement les chances de se rapprocher du tueur.

Dans ce type de situation, où l'on était en présence d'un individu apparemment isolé et assez prudent pour ne pas laisser de traces, la traque pouvait durer longtemps, très longtemps. Elle avait duré un peu plus de trois ans pour Thierry Paulin, « le tueur de vieilles dames », et quatre années pour Guy George, le « tueur de l'Est parisien ». À eux deux, ils avaient fait près d'une trentaine de victimes. On pouvait donc redouter le pire.

4

Nous étions revenus de la Creuse tard dans la soirée de vendredi. Fort heureusement, nous avions eu l'autorisation du chef de cabinet du Premier ministre, Franck Robine, de prendre un vol de l'Escadron de transport, d'entraînement et de calibration – ETEC, dans le langage des cabinets ministériels –, un Falcon 50 de la flotte gouvernementale. À 4 500 euros l'heure de vol, mieux valait être convaincant pour obtenir le feu vert de Matignon. Notre déplacement avait été une vraie réussite. Je dois avouer qu'il m'avait fait, à titre personnel, le plus grand bien. J'avais revu beaucoup de visages familiers et quelques bons amis au cours des différentes étapes organisées pour la venue du ministre. En dehors d'une ou deux questions sur la tuerie de Montauban. posées par la presse régionale, nous avions surtout parlé de sécurité en zone rurale et d'aménagement du territoire. Le soir, le ministre avait été invité à s'exprimer à Gouzon, une charmante commune de l'est de la Creuse, devant une salle de sympathisants chauffée à blanc par l'incontournable député UMP de la circonscription, Jean Auclair, dit « Jeannot ». L'exercice était nouveau pour Guéant, qui était davantage habitué à présider des réunions dans le salon vert de l'Élysée, cette magnifique pièce jouxtant le bureau du Président qui avait accueilli le Conseil des ministres sous de Gaulle, qu'à haranguer les foules. Il fallait pourtant bien qu'il s'y mette, lui qui avait décidé de se frotter au suffrage universel à Boulogne-Billancourt.

Le week-end des 17-18 mars fut surtout marqué par la campagne présidentielle. Sur le front politique, tous les regards étaient portés vers la place de la Bastille, où Jean-Luc Mélenchon devait s'exprimer dans la journée de dimanche, devant plusieurs dizaines de milliers de personnes. De ce lieu fortement symbolique pour la gauche française, il allait appeler à « l'insurrection civique » et à la « VIe République sociale, laïque et écologique ». Avec son indéniable talent de tribun, son ton enragé et le regard complaisant de certains médias, le leader du Front de gauche était en train de s'imposer comme « le troisième homme » de l'élection. Dans les sondages du premier tour, il n'était plus qu'à un point de François Bayrou, recueillant désormais 11 % d'intentions de votes. Mélenchon était en passe de devenir la principale surprise de cette fin de campagne… et un atout de plus en plus important pour Nicolas Sarkozy !

On attendait, le lendemain, la publication par le Conseil constitutionnel de la liste officielle des candidats ayant recueilli le nombre suffisant de parrainages pour se présenter à l'élection. Aucune surprise n'était prévue. On savait déjà depuis quelques jours que Marine Le Pen avait obtenu ses 500 parrainages, alors que Dominique de Villepin avait été contraint de déclarer forfait, se heurtant, selon ses propres dires, « au mur d'hostilité des partis et à l'indifférence des médias ». On abordait, désormais, la dernière phase de la campagne, la plus importante, celle qui allait définitivement cristalliser les rapports de force entre les deux favoris.

À Toulouse et Montauban, on était bien loin de cette ambiance de grande kermesse électorale. Le week-end avait été très studieux, laborieux même. En dépit de l'énergie incroyable déployée par les enquêteurs depuis cette série de meurtres sans précédent qui avait frappé l'armée française sur son propre sol, le tueur courait toujours. Ses motivations demeuraient une énigme. Frédéric Péchenard étant à Mayotte, c'était son directeur de cabinet, Thierry Matta, qui me tenait informé de l'évolution de l'enquête. Ce solide gaillard, qui avait fait toute sa carrière à la Direction de la surveillance du territoire (DST), avait été débauché par Frédéric, sur les conseils de Bernard Squarcini. Véritable tour de contrôle de la DGPN*, il était organisé, méthodique et surtout joignable à n'importe quel moment du jour et de la nuit. C'est auprès de lui que je puisais les dernières nouvelles de l'enquête afin de les transmettre au ministre et au général Puga, qui tenait informé le Président.

Même si la police n'avait jusqu'à présent procédé à aucune interpellation, l'enquête ne piétinait pas. Les policiers entendaient un certain nombre de témoins et menaient en silence leurs investigations, avec pour seules armes leur flair, un téléphone et un ordinateur. La cinquantaine d'enquêteurs qui travaillaient sur l'affaire à ce moment-là s'étaient installés dans les bureaux de la PJ à l'hôtel de police de Toulouse. En début de semaine,

* Direction générale de la police nationale.

avec les nouveaux renforts, ils dépasseraient la centaine. L'organisation matérielle n'était pas optimale : le commissariat ne se prêtait guère à l'installation d'un grand PC de crise. Les hommes travaillaient en équipes, nuit et jour, regroupés dans chaque pièce par atelier thématique, remontant chacune des pistes possibles et épluchant minutieusement toutes les données recueillies.

Peu après son arrivée à Toulouse, Christian Lothion s'était immédiatement rendu chez le procureur Valet, avec le patron du SRPJ local, José Mariet, et le directeur interrégional de la PJ, François Bodin. C'était à la suite de cette entrevue que l'affaire avait connu sa première grande évolution procédurale : compte tenu du lien de connexité devenu évident entre les affaires de Toulouse et de Montauban, le parquet du Tarn-et-Garonne s'était dessaisi du dossier au profit de celui de Toulouse. Désormais, il n'y avait plus qu'un seul directeur d'enquête, Michel Valet. Cela contribuerait à donner un nouvel élan à l'affaire.

De retour au commissariat de Toulouse, Christian avait réuni tous ses chefs de service pour faire un point opérationnel de la situation. Les investigations initiées la veille se poursuivaient. Il leur avait fait part de son intuition : la première affaire leur permettrait de résoudre la seconde, et non l'inverse. L'avenir allait lui donner raison.

À Montauban, le tueur avait laissé peu de traces directement exploitables sur la scène de crime. Le laboratoire de Toulouse confirmerait dans la journée de samedi que l'ensemble des expertises réalisées sur les étuis, les cartouches et le chargeur n'avaient pas permis de relever d'empreintes papillaires ou génétiques. L'affaire de

Toulouse, à côté, paraissait plus prometteuse. Elle offrait quelques prises concrètes, quelques aspérités auxquelles la police avait commencé à s'accrocher. Depuis jeudi, tout s'était brutalement accéléré. Les policiers avaient entendu longuement la petite amie de la victime et son témoignage apportait des éléments intéressants.

Le sergent-chef Ibn Ziaten lui avait dit le dimanche 11 mars, en milieu d'après-midi, qu'il allait rencontrer d'un acheteur possible pour sa moto, une Suzuki 650 cm^3 « Bandit ». Sa compagne ne semblait pas vraiment convaincue par l'existence d'un tel rendez-vous, parce qu'il venait déjà, peu de jours auparavant, de se séparer de sa voiture. De quoi susciter quelques interrogations de sa part.

Dès le début de la semaine, les enquêteurs étaient donc partis simultanément dans trois grandes directions : celle d'un meurtre lié à sa vie privée ; celle d'un vol qui aurait mal tourné ; enfin, celle d'un règlement de comptes. Les trafics en tout genre, de drogue ou d'armes, étant malheureusement monnaie courante dans l'armée, l'hypothèse était très vraisemblable. Le profil de la victime ne s'y prêtait pas vraiment, mais les policiers se fient rarement aux apparences.

Le travail des enquêteurs sur l'ordinateur de la victime allait vite montrer qu'Imad Ibn Ziaten avait bien posté, à la fin février, une petite annonce sur le site « leboncoin.fr ». Mais cette découverte importante prouvait seulement pour le moment que la victime n'avait pas menti à sa compagne, rien de plus. L'annonce disait que le vendeur était militaire, que la Suzuki avait « peu roulé » et qu'elle était « en bon état ». Le prix demandé était de 4 000 euros.

Dès le mardi 13 mars, les policiers avaient envoyé au site qui hébergeait la petite annonce d'Imad Ibn Ziaten une réquisition judiciaire pour obtenir les adresses « Internet Protocol » de tous les ordinateurs qui s'étaient connectés sur http://www.fr/motos/290043099. Un peu à la façon du téléphone, quand un ordinateur se connecte à Internet, il appelle un autre poste et communique son adresse IP, c'est-à-dire son numéro identifiant. Les hébergeurs qui enregistrent ces adresses ont l'obligation légale de les conserver pendant un an.

Obtenir la totalité de ces données prendrait plusieurs jours. La police n'aurait en sa possession que le vendredi 16 mars au matin la liste des 574 adresses IP d'ordinateurs ayant consulté l'annonce de la victime. Après cela, il fallait encore envoyer de nouvelles réquisitions aux différents fournisseurs d'accès Internet, afin qu'ils transmettent les coordonnées des titulaires des abonnements liés à ces adresses. L'office central chargé de la lutte contre la criminalité informatique apportait son expertise technique pour accélérer l'exploitation des résultats des recherches.

Au moment où Christian Lothion réunissait ses adjoints, il n'avait donc pas encore d'informations concrètes, mais dans l'hypothèse où le meurtre d'Ibn Ziaten était directement lié à la vente de sa moto, on pouvait assez logiquement penser que son tueur avait consulté sa petite annonce, donc laissé une trace. Du moins on l'espérait fortement, parce que l'exploitation du téléphone portable de la victime n'avait, quant à elle, rien donné. Malheureusement pour les enquêteurs, le sous-officier Ibn Ziaten n'avait pas eu de contact direct avec celui qui lui avait fixé rendez-vous ce dimanche-là, à 16 h 30.

5

Jusqu'au jour du massacre de l'école Ozar-Hatorah, le lundi suivant, les enquêteurs allaient travailler sur trois hypothèses principales, sans en privilégier aucune. La première reposait sur l'existence d'un lien entre les victimes et le tueur. C'est le cas de presque tous les homicides. La police n'excluait d'ailleurs pas la possibilité de deux tueurs opérant avec la même arme. Cela s'était déjà vu.

Le point commun de toutes ces victimes était bien entendu qu'elles étaient militaires. Là résidait vraisemblablement la clef de l'énigme. Imad Ibn Ziaten était certes en civil lorsqu'il avait été tué, mais l'annonce passée pour vendre sa moto permettait de savoir qu'il était soldat. Christian avait demandé à la DPSD, la Direction de la protection et de la sécurité de la Défense, l'un des six services de la communauté du renseignement, avec la DGSE* et la DCRI, de passer au crible la vie de chacun des quatre militaires abattus. Ce service particulier, placé auprès du ministre de la Défense, est en charge de la sécurité du personnel, des informations,

* Direction générale de la sécurité extérieure.

du matériel et des installations sensibles de l'armée française. Lui seul était en mesure de trouver, s'il existait, le lien qui pouvait unir ces hommes. S'étaient-ils déjà croisés à un moment de leur existence, au sein du même régiment, au cours d'un exercice ou sur un même théâtre d'opérations ? Avaient-ils des centres d'intérêt communs ? Chaque détail comptait pour savoir s'ils pouvaient être impliqués collectivement dans une même affaire : un trafic quelconque, un bizutage ou une virée en ville qui aurait mal tourné.

La deuxième hypothèse, prise au sérieux, était la piste de l'extrême droite. Un élément avait immédiatement attiré l'attention des médias et des enquêteurs : trois des victimes étaient d'origine maghrébine et la quatrième, Loïc Liber, toujours en réanimation à ce moment-là, d'origine antillaise. Difficile de ne pas y voir une piste crédible, même si, publiquement, les hommes qui étaient chargés de l'enquête se montraient prudents. Ainsi, dans sa conférence de presse du vendredi 16 mars, le procureur de Toulouse à qui l'on demandait si le tueur s'en était pris volontairement à ces soldats en raison de leurs origines avait balayé la question, se contentant de répondre : « Il s'agit de quatre citoyens français et je m'en tiendrai là. » Les choses n'étaient bien évidemment pas aussi simples. En discutant avec le chef de corps du 17e régiment de génie parachutiste de Montauban, le colonel Patrick Poitou, les enquêteurs avaient appris que les militaires d'origine maghrébine, africaine ou antillaise ne représentaient sans doute pas plus du quart de l'effectif total de son régiment. Dès lors, soit ils n'avaient vraiment pas eu de chance, soit on avait affaire à un tueur en série raciste, frappant à l'aveugle ou encore à un ex-militaire frustré réglant ses comptes avec l'armée.

La piste du tueur en série raciste avait la préférence de quelques spécialistes de l'antiterrorisme. Pas parce que l'on était à quelques jours du cinquantième anniversaire du cessez-le-feu en Algérie, mais parce que ces professionnels étaient fortement marqués par l'essor, un peu partout en Europe et aux États-Unis, d'un « terrorisme noir » émanant des mouvances néofasciste et néonazie, en Italie, en Allemagne et dans les pays nordiques. L'incroyable massacre d'Anders Breivik, en Norvège, moins d'un an auparavant, le 22 juillet 2011, était encore dans tous les esprits. Pour quelle raison la France auraitelle échappé à ce phénomène général de radicalisation de l'extrême droite ?

Il y avait aussi la stratégie utilisée, qui rappelait étrangement celle pratiquée et revendiquée depuis longtemps par ces mouvances : la fameuse stratégie du « loup solitaire », une série d'actions violentes commise, au nom d'une idéologie, parfois même d'un mouvement, par un homme agissant seul, en dehors de toute structure organisée. Le terme de *lone wolf* avait, en effet, été forgé au début des années 90 par un Américain partisan de la suprématie blanche, Alex Curtis, avant d'être repris et théorisé par le FBI. Curtis souhaitait inciter tous ceux qui partageaient ses convictions à commettre, individuellement, des crimes racistes, ce qui présentait l'avantage, à ses yeux, de démultiplier les actions sans risquer de compromettre les autres.

C'étaient les tenants de cette idéologie, en guerre contre tous les groupes censés constituer une menace raciale ou culturelle pour la société occidentale, comme les immigrés, les juifs ou les homosexuels, qui avaient théorisé, très tôt, sous le nom de *leaderless resistance* ou de « résistance sans chef », le recours à de petites cellules agissant indépendamment les unes des autres, sans hiérarchie de commandement ni diffusion d'information. Une telle organisation se révélait idéale pour commettre des attentats : sans transfert d'argent ou de matériel, les risques de se faire repérer par les autorités avant un éventuel passage à l'acte étaient faibles, comme ceux d'être infiltrés ou trahis.

Une autre piste liée à l'extrême droite concernait plus spécifiquement l'armée. Les enquêteurs travaillaient en collaboration avec les autorités militaires pour établir la liste des soldats ou d'anciens soldats ayant par le passé commis des actes de violence ou connus pour entretenir des sympathies avec des groupes identitaires d'extrême droite. Un travail de recensement laborieux était par ailleurs engagé pour identifier les personnes qui avaient tenté sans succès, à une ou plusieurs reprises, de s'engager dans l'armée.

Il se trouvait justement que le 17e RGP avait défrayé la chronique quatre années auparavant, en mars 2008, avec une affaire impliquant des activistes néonazis. À cette époque, *Le Canard enchaîné* avait publié une photo montrant des jeunes militaires de ce régiment, en uniforme, derrière une bannière à croix gammée et faisant le salut nazi. Un ancien sergent de cette unité, Jamel Benserhir, avait dénoncé ces agissements auprès de sa hiérarchie. Après un certain temps, les soldats incriminés avaient fini par être sanctionnés. L'un d'entre eux avait même été chassé de l'armée. De quoi éprouver, peut-être, du ressentiment. L'attention des enquêteurs se concentrait également sur un autre profil, dans un régiment parachutiste de la région : un homme avec des opinions politiques très marquées, motard et excellent tireur. De quoi susciter fortement l'intérêt.

Enfin, la troisième et dernière hypothèse de la police était celle d'un acte terroriste islamiste. Les enquêteurs n'avaient aucun indice venant étayer cette piste, mais on ne pouvait pas exclure que quelqu'un ait souhaité s'en prendre aux militaires français sur le sol de France. Le procureur de Toulouse, dans sa conférence de presse, n'avait pas insisté sur cette possibilité. Il avait même laissé entendre qu'elle ne lui paraissait pas, à ce stade de l'enquête, la plus pertinente. Naturellement, l'hypothèse d'un acte de vengeance islamiste pour faire payer à notre pays son engagement en Afghanistan était théoriquement possible, même si une seule des victimes avait réellement servi là-bas. Bien que rien ne vînt confirmer cette hypothèse, c'était celle que Christian Lothion croyait la plus sérieuse. Question d'instinct.

À la croisée des différentes pistes, le travail des enquêteurs se révélait difficile et ingrat. Il ressemblait plus à celui des moines bénédictins ou de bureaucrates qu'à celui des *Experts*. À force de regarder des séries policières à la télévision, on perd de vue le quotidien d'une enquête judiciaire : on avance en rassemblant une multitude d'informations anodines, en vérifiant laborieusement chaque élément du puzzle avant de l'assembler. On passe des heures entières à éplucher des listings, à collecter des noms, des numéros et à croiser les données les plus diverses.

Jusqu'à présent, les seuls éléments concrets de l'enquête tournaient autour de l'arme du tueur, de son deux-roues, et surtout des données de connexion liées à la petite annonce du sergent-chef Ibn Ziaten. On avait donc mis en place trois ateliers de travail au sein desquels la plupart des policiers disponibles étaient répartis. Parce que le tueur semblait habitué au maniement des armes, il était susceptible d'être un tireur sportif. Les membres de « l'atelier arme » procédaient donc à toute une série de vérifications fastidieuses mais indispensables. Il fallait d'abord contacter les services des préfectures de la région afin de recenser toutes les personnes possédant une autorisation de détention d'armes de poing, en particulier de calibre 11.43. Cela représentait 380 individus. Des vérifications devaient également être engagées auprès de chacune des neuf armureries régionales habilitées à vendre des armes de première et quatrième catégories, mais aussi des 80 clubs de tir civils et militaires. Il fallait enfin jeter un œil sur les 12 000 licenciés de la Fédération française de tir installés en Midi-Pyrénées, et se déplacer au domicile de toutes les personnes susceptibles de présenter un intérêt particulier.

Pour être sûr de ne rien laisser au hasard, les différents listings étaient passés au STIC, le Système de traitement des infractions constatées, le fameux fichier général de police du ministère de l'Intérieur. On apprendrait ainsi dans la nuit de vendredi à samedi que 422 licenciés de tir et 21 détenteurs d'arme de calibre 11.43, vivant en Midi-Pyrénées, étaient connus des services.

« L'atelier moto » ne chômait pas non plus. Grâce aux recherches vidéo de Montauban, faites par la police technique et scientifique d'Écully, et au recueil d'un témoignage sur place, il était apparu que l'auteur des coups de feu portait un casque de marque ROOF et que son deux-roues était en réalité un scooter, probablement un T-Max 530 blanc de marque Yamaha. Une fois encore, un passionné de moto apportait une aide appréciable au déroulement d'une enquête criminelle. Quelques semaines plus tard, dans une autre affaire hors du commun, celle du tueur de l'Essonne, le témoignage d'un motard jouerait également un rôle déterminant. L'identification de la moto du tueur, près des scènes de crime, une Suzuki de modèle GSX-R, bleu et blanc, allait effectivement permettre l'interpellation à son domicile de Yoni Palmier, mettant fin ainsi à une série de quatre crimes commis entre les mois de novembre 2011 et avril 2012.

Le T-Max était un modèle de scooter bien connu des services de police. Sorti pour la première fois en 2001 des usines Yamaha, cette référence absolue des engins de plus de 400 cm^3 était rapidement devenue, grâce à sa maniabilité et ses accélérations puissantes, le deux-roues par excellence des voyous de banlieues, braqueurs ou dealers. Le modèle en question, le T-Max 530, était le dernier-né de la gamme, apparu chez les concessionnaires seulement en début d'année. C'était une bonne nouvelle qui allait grandement faciliter le travail des enquêteurs. Après avoir contacté Yamaha France, il s'avéra qu'en l'espace de deux mois et demi, 72 de ces engins avaient été livrés chez les concessionnaires de la région, et que 32 seulement avaient été vendus à des particuliers.

Parmi les propriétaires qui reçurent la visite des policiers, un seul signala s'être fait voler le sien, le 6 mars 2012. Christian décida de le convoquer au poste et de l'interroger lui-même dans l'après-midi du vendredi. Il s'agissait d'un pilote expérimenté. Il raconta avoir laissé son scooter quelques minutes sans surveillance. Un individu d'allure assez jeune en avait profité pour monter dessus précipitamment, avant de démarrer en trombe et de disparaître. De l'avis du propriétaire, il ne faisait aucun doute qu'il s'agissait là d'un motard confirmé. Son audition faisait également apparaître que son scooter était équipé d'un système de géolocalisation, mais que le constructeur n'avait malheureusement pas été capable de l'activer à distance après le vol. Les enquêteurs devaient maintenant contacter la société « traqueur » pour tenter une nouvelle réactivation. On allait même mobiliser, le lendemain, un hélicoptère pour survoler Toulouse et ses environs pendant plusieurs heures, en vain.

Si rien encore ne permettait d'établir un lien entre ce vol et la fusillade, une chose paraissait claire, maintenant : en décidant de rouler en T-Max 530 pour commettre ses crimes, le tueur avait commis une imprudence. Son goût apparent pour le pilotage de belles cylindrées était son point faible. On allait l'exploiter.

6

Le week-end des 17 et 18 mars avait été très politique, même pour ceux qui, comme moi, ne vivaient la campagne présidentielle que par procuration. Bien sûr, je me rendais de temps à autre au QG du Président-candidat, pour pousser quelques idées auprès d'Emmanuelle Mignon, sa tête pensante. Je la connaissais très bien pour avoir déjà travaillé avec elle place Beauvau, du temps où Nicolas Sarkozy était ministre de l'Intérieur. Après avoir quitté ses fonctions à l'Élysée où elle avait, entre autres, piloté l'importante réforme constitutionnelle de 2008, elle était partie dans le privé, à la recherche de nouveaux défis. Au moment où tant de personnes cherchaient à quitter la ligne de front, Emmanuelle avait finalement décidé, par fidélité, de revenir et de mettre une nouvelle fois sa puissance intellectuelle et son sens de l'organisation au service du candidat Sarkozy. Comme beaucoup, j'éprouvais pour elle une réelle estime et surtout une grande affection. Ce petit bout de femme était un vrai maréchal d'Empire !

Grâce à Guillaume Lambert, le directeur de campagne du Président, je prenais régulièrement connaissance des dernières tendances de l'opinion. Il me donnait surtout des nouvelles fraîches du moral de notre candidat. Dimanche 18 mars, à J–35 de l'élection, Nicolas Sarkozy était enfin passé devant François Hollande dans les sondages. Certes, ce n'était qu'un demi-point symbolique, mais nous vivions tous cette légère inflexion comme une libération, comme une véritable revanche, après l'avalanche de mauvais sondages qui nous donnaient archibattus depuis tant de mois. La sortie du tunnel était proche, nous voulions nous en persuader, et nous interprétions le moindre frémissement d'opinion comme un heureux présage. De retour d'un grand meeting à Lyon, samedi 17 mars, au soir, le Président-candidat paraissait heureux et toujours aussi combatif. L'épineuse question des reports de voix du second tour n'était toujours pas réglée, mais désormais, la dynamique semblait de notre côté. Tout demeurait encore possible.

À Toulouse aussi, l'heure du premier bilan était venue. Depuis jeudi, j'avais bien compris que le temps de l'enquête n'avait rien à voir avec celui de la politique. Et pourtant, cette affaire était réellement traitée par les services comme relevant de l'extraordinaire. Tous avaient compris, sans que l'on ait besoin de le leur dire, qu'elle était particulièrement sensible. Avoir un tueur en série de militaires n'était pas acceptable, surtout en pleine campagne présidentielle. Nicolas Sarkozy et Claude Guéant voulaient des résultats, mais ils avaient tous deux suffisamment d'expérience pour savoir que ce genre d'enquête prenait du temps. Une légère pression se faisait tout de même sentir.

À la fin du week-end, on apprenait ainsi que le Président pourrait assister en personne, mardi 20 ou mercredi 21 mars, à la caserne du 17e RGP de Montauban, à la cérémonie d'hommage aux parachutistes tués. En outre, le Premier ministre et le ministre de la Défense devaient également être présents. Dans cette ville de garnison, où armée et population avaient tellement l'habitude de vivre ensemble, l'émotion était à son comble. Une multitude de bouquets de fleurs, de bougies et de photos avait envahi le pourtour du distributeur automatique devant lequel les trois hommes étaient tombés. Loïc Liber, finalement transporté au CHU de Rangueil, à Toulouse, n'était toujours pas sorti du coma. On le savait touché à la moelle épinière, avec peu de chances de pouvoir remarcher un jour si jamais il survivait.

À l'hôtel de police de Toulouse, les hommes étaient restés mobilisés les journées de samedi et de dimanche. Comme souvent le week-end, les policiers avaient le sentiment d'être un peu seuls au monde. Les administrations étaient aux abonnés absents, et la plupart des téléphones de leurs correspondants sur boîte vocale. Pourtant, compte tenu du nombre d'enquêteurs et de l'importance des moyens mis en œuvre, on obtenait en quelques heures ce qui, dans n'importe quelle autre affaire judiciaire, aurait pris plusieurs jours. La consigne avait été donnée par le patron de la PJ : ne pas remettre au lendemain ce que l'on pouvait faire le jour même. Avec un tueur déterminé, qui ne ratait pas sa cible, qui n'hésitait pas à tuer en pleine journée dans des quartiers fréquentés, tout pouvait arriver.

Samedi et dimanche, l'enquête de voisinage autour des victimes s'était donc poursuivie sans relâche, mais sans rien apporter de nouveau. Les policiers s'étaient beaucoup intéressés à un vol par effraction commis quelques mois auparavant dans la proche banlieue toulousaine, à Muret. Plusieurs armes, dont un pistolet automatique 11.43 à canon long, en tout point semblable à celui utilisé par le tueur le 15 mars, avaient été dérobées. Malheureusement, après analyse de la police scientifique, les comparaisons effectuées entre les étuis percutés par ce pistolet, conservés par le propriétaire, et ceux retrouvés à Montauban sur la scène de crime étaient négatives.

Un important travail de téléphonie était également engagé. Il consistait à analyser en détail, non seulement toutes les lignes filaires ou fixes des victimes et de leurs proches, mais aussi la totalité du trafic téléphonique relayé par les bornes de chaque opérateur en différents endroits de Toulouse et de Montauban, sur les scènes de crime et à l'endroit où le scooter avait été volé.

Du côté informatique, la police avait réussi à obtenir en urgence, auprès des différents opérateurs, la liste de la majeure partie des titulaires des 574 adresses IP. Après un important travail d'enquête, il était apparu que neuf d'entre eux avaient associé le mot « militaire » à celui de « moto » lors de leur recherche sur le site « leboncoin.fr ». L'ensemble de ce listing, ainsi que ceux des détenteurs d'armes, des licenciés recensés par la Fédération française de tir et des propriétaires de T-Max, avaient été remis à la SDAT et à la DCRI afin qu'elles procèdent à un criblage.

Le service du renseignement intérieur de Levallois-Perret n'avait pas été saisi par le parquet, mais il s'était mis en ordre de marche dès le vendredi, afin de pouvoir répondre aux sollicitations de la PJ. La DCRI avait un atout maître dans l'enquête : le fichier CRISTINA (Centralisation du renseignement intérieur pour la sécurité du territoire et des intérêts nationaux).

Dimanche soir, à l'heure des journaux télévisés, les agents des services du renseignement intérieur remettaient aux hommes de la SDAT le résultat de leurs recherches. Il se révélait positif. Parmi les personnes ayant consulté la petite annonce d'Imad Ibn Ziaten, quelques-unes étaient suspectées d'entretenir des sympathies ou d'être en relation avec un réseau terroriste, dont une localisée dans la région Midi-Pyrénées. La ligne d'une certaine Mme Zoulikha Aziri s'était, en effet, connectée au site. Celle-ci était la mère de cinq enfants, dont deux frères connus des services, Abdelkader et Mohamed Merah. Cette famille et les quelques autres noms qui étaient ressortis du croisement des données devaient maintenant faire l'objet d'un travail d'enquête approfondi de la PJ, en partenariat avec les services de renseignement. Qui étaient exactement ces personnes identifiées ? Pourquoi avaient-elles consulté l'annonce de vente de la Suzuki du sergent-chef Ibn Ziaten ? Pouvait-il exister un lien entre elles et les victimes ? Autant de questions auxquelles les investigations du lendemain allaient certainement apporter une première réponse.

7

J'étais en voiture, ce lundi 19 mars aux environs de 8 heures du matin, lorsque je reçus un appel de la permanence. Ce service qui tourne vingt-quatre heures sur vingt-quatre au cabinet permet au ministre de l'Intérieur d'être l'homme le mieux informé de France. Le capitaine de police au bout de la ligne m'annonçait qu'une fusillade sanglante venait de survenir à Toulouse, dans une école, et qu'il y avait plusieurs victimes. Mon premier réflexe fut d'appeler immédiatement Stéphane Bouillon, le directeur du cabinet, afin de vérifier que le ministre avait bien eu cette information avant de partir. Claude Guéant devait, en effet, passer la journée à Mulhouse, avec son collègue du gouvernement Philippe Richert, pour inaugurer le nouveau commissariat et la nouvelle sous-préfecture. Il avait déjà quitté le ministère, mais il fallait absolument qu'il reporte son déplacement. Malheureusement, le ministre avait pris un vol de ligne et n'était plus joignable, à l'instar de son conseiller en communication qui l'accompagnait, Vincent de Bernardi. Nous sûmes plus tard qu'il avait appris la nouvelle par un SMS d'alerte du permanencier, alors que son avion était déjà au roulage, sur la piste d'envol. Le texte, très bref, ne donnait d'ailleurs aucune précision. Il mentionnait juste qu'une fusillade à Toulouse avait fait plusieurs morts.

L'heure qui suivit nous parut interminable. Les événements se bousculaient, et notre ministre était non seulement absent, mais injoignable. On découvrit, tout d'abord, l'étendue exacte de la tragédie qui avait touché l'école juive Ozar-Hatorah, un établissement scolaire privé comptant environ 200 élèves, situé 33, rue Jules-Dalou, dans le quartier résidentiel de la Croix-Daurade, au nord-est de Toulouse, sur les hauteurs de la ville. D'après les premiers éléments recueillis par la police, une vingtaine de coups de feu avaient été tirés. Il y avait quatre personnes tuées, un adulte et trois enfants, ainsi qu'un adolescent grièvement blessé. L'auteur des faits avait d'abord tiré sur un homme et son fils devant l'établissement, avant de poursuivre son action à l'intérieur, faisant feu sur plusieurs enfants. En ressortant, il avait apparemment achevé le père et le fils qui bougeaient encore. Le père de famille, un enseignant âgé de trente ans, s'appelait Jonathan Sandler. Ses fils Gabriel et Arieh, quatre et cinq ans, avaient également tous deux été abattus, ainsi qu'une petite fille de sept ans, Myriam Monsonego. Quant au jeune Aaron Bijaoui, il avait eu plus de chance et avait été transféré en urgence à l'hôpital. Le scénario ressemblait furieusement à celui de Montauban : un homme portant un casque blanc, après avoir garé son scooter, également blanc, avait soudainement fait irruption dans l'école, avant le début des cours, et tiré sur un groupe de parents et d'enfants à bout touchant, ne leur laissant guère de chance. Le drame n'avait duré que quelques minutes en tout.

Très rapidement, l'Élysée nous avertit que le Président, fortement choqué par cette tragédie, comptait se rendre sur place en fin de matinée, accompagné du ministre de l'Éducation Luc Chatel et du président du CRIF, Richard Prasquier. Nicolas Sarkozy avait appris la nouvelle par Guillaume Lambert, à 8 heures du matin, alors qu'il se trouvait dans les studios de France Ô, pour enregistrer une émission de campagne. Il souhaitait bien entendu que Claude Guéant l'accompagne. Encore fallait-il que celui-ci puisse rejoindre Toulouse rapidement.

À peine l'avion avait-il atterri à Mulhouse que le ministre prenait connaissance de la gravité de la situation et décidait de partir pour Toulouse. Commençait alors pour lui une course contre la montre. En l'absence de vols directs, la seule solution était de se rendre à Lyon par hélicoptère, puis, de là, de prendre un avion pour la ville rose. Ce plan se révéla très vite impossible, compte tenu des mauvaises conditions atmosphériques. Finalement, le plus simple, pour Guéant, était encore de reprendre le même vol en sens inverse. Il fallait juste être patient, à un moment où le temps était compté.

Les quelques heures que le ministre passa à l'aéroport de Mulhouse ne furent pas totalement perdues. Il valida nos suggestions visant à demander aux préfectures de toute la France, particulièrement dans le Sud-Ouest, de renforcer la surveillance autour des lieux de culte et d'enseignement israélites. Et comme il avait emmené avec lui Charles Sicurani, un journaliste de l'AFP, il put en temps réel communiquer les informations qu'il recevait de Beauvau. C'est ainsi qu'il révéla que le tueur avait utilisé successivement deux armes : du 9 mm à l'extérieur de l'établissement, puis du 11.43 à l'intérieur de l'enceinte, le même calibre que celui qui avait servi pour abattre les parachutistes à Montauban et à Toulouse quelques jours plus tôt. Sa première arme, beaucoup plus dévastatrice, un pistolet-mitrailleur Uzi, semblait heureusement s'être enrayée. On devait, plus tard, en apprendre la cause : ses munitions étaient trop humides pour qu'il puisse s'en servir. Beaucoup d'enfants présents ce jour-là à l'école doivent la vie à cet incident de tir.

Claude Guéant arriva à Paris en fin de matinée et se dirigea immédiatement vers la base aérienne de Villacoublay, sans repasser par le ministère, pour prendre un vol de la flotte gouvernementale. J'avais juste eu le temps de prévenir le grand rabbin de Paris, Gilles Bernheim, qui s'était manifesté auprès de nous, pour qu'il puisse faire le voyage avec le ministre. Je lui avais même envoyé une escorte de motards afin qu'il traverse Paris sans encombre et ne retarde pas le départ de l'avion du ministre. Celui-ci décolla enfin, peu avant midi. Étaient assis dans le Falcon 50 Guéant, le grand rabbin qui lui faisait face, son collaborateur, ainsi que Vincent de Bernardi et Nathalie Gonzalez-Prado, la chef de cabinet du ministre, qui était partie en catastrophe un peu plus tôt de Beauvau. Deux hommes du service de protection des hautes personnalités étaient aussi du voyage. Durant le vol, les conversations furent ponctuées de longs moments de silence. Gilles Bernheim était naturellement bouleversé. Ceux qui ont partagé ce vol avec lui se souviennent avec émotion de ses yeux pleins de larmes.

L'avion du ministre se posa à l'aéroport de Toulouse-Blagnac au moment où le Président s'apprêtait à en repartir. Nicolas Sarkozy et Claude Guéant eurent un bref échange sur le tarmac, quelques minutes avant que les deux cortèges ne se séparent. Les deux hommes avaient pris d'un commun accord une décision symboliquement forte : le ministre de l'Intérieur resterait à Toulouse le temps « nécessaire ». Lorsque la nouvelle nous parvint à Beauvau, elle nous sembla de prime abord déconcertante, pour ne pas dire inopportune. Il s'agissait d'une intrusion du politique dans le cours d'une enquête difficile, requérant beaucoup de travail, de la patience et énormément de sérénité.

D'un côté, je comprenais fort bien l'analyse du Président et de mon ministre : le gouvernement devait montrer aux Français qu'il avait pris la mesure du traumatisme extraordinaire produit par la sauvagerie de cette tuerie. Nos concitoyens étaient en état de choc. Le rôle du pouvoir politique était évidemment de les rassurer. Or, quelle meilleure réponse que l'installation à Toulouse du ministre en charge de la sécurité ? D'un autre côté, cette présence ministérielle apparaissait contrarier toutes les règles habituelles de gestion de crise. L'échelon politique était censé conserver une certaine distance vis-à-vis du terrain, pour laisser les opérationnels travailler tranquillement. Cette pression risquait d'être contre-productive. Il n'y a rien, en effet, de plus compliqué à gérer, en pleine crise, qu'une visite ministérielle, sans parler d'un déplacement présidentiel !

Je craignais la réaction des différents patrons de la police à l'annonce de ce séjour prolongé de leur ministre à Toulouse. Ils risquaient de ne pas apprécier du tout cette initiative. La suite allait pourtant nous donner tort.

Claude Guéant n'était pas un ministre comme les autres et le Président le savait, mieux que quiconque. Loin de parasiter l'action des services, sa présence se montra bénéfique : il était bienveillant, rassurant et surtout très professionnel. Derrière le ministre pointait le préfet et l'ancien directeur général de la police, un homme d'expérience qui avait déjà affronté la prise d'otages du vol 8969 d'Air France en 1994, qui s'était terminée par l'assaut du GIGN sur le tarmac de l'aéroport de Marignane, et la sanglante campagne d'attentats islamistes ayant secoué la France en 1995.

8

Il n'était pas encore 14 heures ce lundi 19 mars, quand le cortège du ministre de l'Intérieur quitta l'aéroport de Toulouse-Blagnac pour se rendre directement sur les lieux de la tuerie. L'école Ozar-Hatorah venait tout juste d'accueillir le président de la République. Dans une salle de classe, différents représentants de la communauté éducative, enseignants et parents d'élèves, attendaient Guéant, ainsi que les principales personnalités de la communauté israélite de la ville. Le hasard du calendrier voulait que le ministre, la veille, ait non seulement participé à un débat sur la laïcité organisé par Joël Mergui, président du Consistoire central israélite de France, mais surtout à un dîner républicain avec la communauté juive de Boulogne-Billancourt, notamment aux côtés d'Arié Bensemoun, président de la communauté de Toulouse. Les échanges avaient été tristement prémonitoires, puisqu'on y avait beaucoup parlé de sécurité et de vigilance quotidienne à l'encontre des actes antisémites.

Sur place, l'émotion était extrêmement vive. Claude Guéant fut surtout frappé par le courage des personnes qu'il avait en face de lui. En dépit des événements, du choc immense et de leur profonde tristesse, ses interlocuteurs étaient animés d'une farouche détermination : celle de surmonter cette terrible tragédie et de ne pas se laisser intimider. À la grande surprise du ministre, la direction de l'école affichait sa volonté de reprendre les cours dans les quarante-huit heures, pour ne pas donner raison au tueur. La petite communauté d'Ozar-Hatorah refusait d'être terrorisée et entendait le faire savoir.

En quittant l'école pour rejoindre la préfecture, Claude Guéant se montrait impassible, à son habitude. Il savait pourtant à quel point la situation était critique. Un tueur fou frappait à l'aveugle dans la région, n'hésitant pas à s'en prendre directement à des enfants, un geste d'une barbarie absolue pour toute personne un tant soit peu équilibrée et civilisée. L'homme qui était capable d'entrer dans une école au petit matin, de poursuivre et d'abattre à bout touchant de jeunes écoliers était un vrai monstre capable de tout. Combien de temps ce cauchemar allait-il encore durer ? Le 11 mars, il s'en était pris à un homme seul. Le 15 mars à trois personnes. Maintenant, il en tuait quatre, dont trois enfants.

Guéant avait la hantise de revivre la longue traque de 1995, qui avait duré du mois de juillet au mois d'octobre. Quatre longs mois pendant lesquels la France avait vécu dans la peur. Seize semaines interminables, ponctuées d'attentats meurtriers qui avaient fait 8 victimes et 200 blessés. Sous sa direction, les policiers avaient travaillé comme des forçats, se réunissant souvent en pleine nuit pour évaluer les indices, suivre en direct les filatures. Le temps passait et l'enquête piétinait. La police avait pourtant déployé des efforts colossaux.

Au bout de quelques semaines, le pouvoir avait fini par s'impatienter : l'affaire était devenue politique. Le gouvernement jouait sa crédibilité. Le président Jacques Chirac avait manifesté publiquement son mécontentement, mettant en cause le manque de résultats des enquêteurs. Les esprits s'échauffaient à la base. La crise guettait. De façon très inhabituelle, en sa qualité de patron de la police, Claude Guéant avait répondu aux critiques présidentielles, avec l'accord de son ministre de l'époque, Jean-Louis Debré, et pris la défense de ses hommes dans *Le Monde,* en rendant un hommage appuyé à leur dévouement.

C'était juste au moment où la situation semblait désespérée que, tout à coup, un miracle s'était produit. Après l'assassinat de l'imam Sahraoui, dans sa mosquée de la rue Myrha à Paris, après une fusillade avec la police à Bron, un attentat dans le RER B à la station Saint-Michel, puis un autre près de la place Charles-de-Gaulle, l'indice tant attendu était enfin apparu. Le 26 août 1995, suite à une défaillance du système de mise à feu d'une bombe artisanale de 25 kg d'explosifs contenus dans une bonbonne de gaz, les policiers avaient pu relever une empreinte et la faire parler. Un terrible drame avait été évité, puisque la bombe était censée exploser au passage du TGV Lyon-Paris, à la bifurcation des lignes Sud-Est et Méditerranée dans le Rhône, à Cailloux-sur-Fontaines précisément. Mais on disposait maintenant d'un nom et d'un visage : celui de Khaled Kelkal, un petit délinquant de la banlieue lyonnaise, spécialisé dans les casses à la voiture-bélier. Sa cavale prendrait fin un mois plus tard.

9

Les autorités politiques consacrèrent une bonne partie de leur après-midi du lundi, à Toulouse comme à Paris, aux questions de sécurité publique. Le message était clair : l'affaire était suivie au sommet de l'État. La conférence de presse du Président, le soir même, puis une réunion de crise à l'Élysée en présence des représentants des ministères de l'Intérieur, de la Défense et de la Justice le confirmeraient publiquement.

Concrètement, le gouvernement décidait de prendre une série de mesures exceptionnelles. Il était décidé que quatorze unités de CRS et de gendarmes mobiles, soit un millier d'hommes sur le terrain, sécuriseraient la région de Toulouse tant que le tueur n'aurait pas été mis hors d'état de nuire. Il était également confirmé que des gardes statiques seraient positionnées devant tous les lieux de cultes juifs et musulmans et devant toutes les écoles confessionnelles. Par ailleurs, on prévoyait un contrôle systématique sur la voie publique de tous les conducteurs de scooters de type T-Max et assimilés. Enfin, et ce n'était pas la moindre des décisions, on faisait passer le plan Vigipirate en région Midi-Pyrénées au niveau écarlate.

Ces différentes mesures, qui avaient pour objectif de rassurer les Français et les Toulousains, apparaissaient politiquement nécessaires. Elles offraient l'image réconfortante d'un pouvoir reprenant le contrôle de la situation après une période de chaos. Toutefois, aussi impressionnantes qu'elles soient, ces décisions étaient davantage symboliques qu'efficaces. Il y avait peu de chances, effectivement, pour que le tueur se fasse bêtement interpeller dans la rue par les forces de l'ordre, au hasard d'une patrouille. Quant au renforcement du plan Vigipirate, son effet était presque nul dans ce type de situation.

Depuis les attentats de Londres, le 7 juillet 2005, le niveau d'alerte avait été constamment maintenu au rouge. Le niveau écarlate visait à prévenir le risque d'attentats majeurs, et à mettre en place les moyens de secours et de riposte appropriés. C'était le stade ultime de protection des institutions et de l'action gouvernementale avant l'application des mesures d'exception prévues par la Constitution de 1958, comme l'article 16 ou l'état d'urgence. Le niveau écarlate permettait ainsi aux autorités publiques de prendre des dispositions particulièrement contraignantes, pas vraiment adaptées aux événements récents : contrôles d'accès aux trains grandes lignes, suspension des transports urbains, arrêt du trafic aérien civil, suspension de toute activité scolaire, arrêt de la distribution de l'eau du robinet, etc.

Paradoxalement, le plan Vigipirate posait même, ici, plus de problèmes qu'il n'apportait de solutions : on avait un tueur de militaires dans la nature, et multiplier les patrouilles de soldats dans la rue revenait forcément à multiplier les cibles possibles. Des cibles particulièrement faciles, dans la mesure où ces hommes déambulaient avec des fusils-mitrailleurs non chargés ! Devait-on modifier cet état de fait ? La chose était quasiment impossible et, à dire vrai, peu opportune. Il fallait une autorisation spéciale de Matignon que nous n'aurions jamais obtenue. Permettre aux soldats de patrouiller en ville avec un Famas chargé, dans le climat de psychose ambiant, risquait tout bonnement de compliquer encore un peu plus la situation. Ces hommes étaient formés pour la guerre, non pour le maintien de l'ordre en zone urbaine. La décision fut donc prise de ne rien changer au protocole habituel, seulement de prévoir systématiquement des patrouilles mixtes, composées de militaires et de policiers. Ces derniers pouvaient, le cas échéant, ouvrir le feu plus facilement en cas de légitime défense.

Au-delà de la gestion sécuritaire immédiate de l'affaire, il paraissait évident que le drame de Toulouse, qui bouleversait profondément la France et les Français, allait affecter le déroulement de la campagne électorale. Le pays tout entier était submergé par l'émotion. Dès la fin de la matinée du lundi, Benoît Hamon annonçait la suspension de la campagne socialiste. La question avait été abordée à l'Élysée dans l'après-midi, à l'occasion de la réunion politique que le Président tenait quotidiennement avec ses plus proches collaborateurs. Nicolas Sarkozy, encore bouleversé par sa visite à l'école Ozar-Hatorah, n'envisageait pas non plus de reprendre ses activités politiques, en l'occurrence un passage sur France Info et un meeting à Orléans. Le soir même était annoncée la suspension officielle de sa participation à la campagne « au moins jusqu'à mercredi », jour des obsèques des trois militaires tués à Montauban et à Toulouse, auxquelles il comptait assister. Les familles des trois enfants et de l'enseignant tués dans la fusillade avaient, quant à elles, exprimé le souhait de les voir inhumés en Israël.

Presque tous les candidats annulaient ainsi leurs rendez-vous du jour et du lendemain, mettant entre parenthèses leur agenda politique, leurs meetings et émissions audiovisuelles. Le CSA lui-même, tenant compte du caractère exceptionnel de la situation, décidait de suspendre pendant deux jours les règles habituelles relatives au temps de parole des candidats, lorsque ceux-ci parleraient de la fusillade de Toulouse. À la suite de ce drame national, la France entière portait le deuil.

10

— Appelez-moi mon directeur de cabinet ! Où est-il ? Je veux le voir immédiatement, vous entendez ? Tout de suite !

C'était le Président qui fulminait ainsi au téléphone, en parlant à son assistante. En réunion avec ses plus proches conseillers, ce lundi en milieu d'après-midi, Franck Louvrier venait à l'instant de lui apprendre que le scooter et surtout l'arme utilisée par le tueur à Toulouse étaient bien les mêmes qu'à Montauban. Au bout de quelques minutes, Christian Frémont répondit enfin, bredouillant qu'il était à Matignon justement pour obtenir des informations. Cette fois, c'en était trop pour Nicolas Sarkozy. Il s'étrangla littéralement de colère :

— Pourquoi suis-je le dernier à être au courant de ce qu'il se passe ? Hein ? Dites-moi ! Pourquoi c'est l'AFP qui informe le Président ? À quoi servez-vous ? Qu'est-ce que vous foutez à Matignon ? Mon directeur de cabinet n'a pas à aller chercher des informations à Matignon ! Votre job à vous, c'est de réunir les services à l'Élysée et de donner les instructions ! Je veux vous voir ici dans deux minutes !

Nicolas Sarkozy était hors de lui, comme rarement il l'avait été. Sa fureur révélait l'importance qu'il attachait à cette affaire depuis son retour de Toulouse, son inquiétude aussi. Plus rien d'autre ne comptait à cet instant. Devant la menace, il redevenait le premier flic de France. Tout le monde s'en aperçut autour de la table, sauf un conseiller distrait, qui, pour détendre un peu l'atmosphère, s'aventura à parler de la campagne présidentielle. Le Président le foudroya du regard :

— On s'en fiche de la campagne ! Le seul sujet qui compte, c'est qu'il y a un dingue qui se balade à Toulouse et qui est prêt à tirer sur n'importe qui !

Toute la fin de la journée à l'Élysée fut ainsi consacrée à cette affaire. Nicolas Sarkozy s'entretint à diverses reprises avec son ministre de l'Intérieur, qu'il chargea de le tenir personnellement informé des évolutions de l'enquête, de jour comme de nuit. Puis, il demanda à relire le projet qu'on lui avait préparé pour son allocution télévisée du soir. Il le trouva « nul » et « ronflant ». Sa plume, Camille Pascal, se remit une nouvelle fois au travail, aidé de Patrick Buisson, Xavier Musca et Emmanuelle Mignon. Le texte, largement modifié, ne trouva pas plus grâce à ses yeux. Ce soir-là, devant les millions de téléspectateurs qui attendaient son intervention, Nicolas Sarkozy prit donc la parole sans notes, avec gravité et émotion.

Depuis le début de la matinée, il s'était passé beaucoup de choses. Le parquet antiterroriste de Paris s'était saisi du dossier et avait ouvert trois enquêtes pour « assassinats » et « tentatives d'assassinat ». Désormais il n'y avait plus aucun doute possible : les tueries de

Toulouse et de Montauban étaient bien des actes terroristes, c'est-à-dire, au sens du code pénal, des actes créant un « trouble grave de l'ordre public par l'intimidation ou la terreur ». Tant que la piste d'un règlement de comptes n'était pas écartée, qu'un lien entre les victimes et leur tueur ne pouvait être exclu, la justice avait logiquement préféré inscrire l'enquête dans un cadre procédural classique. Cela n'avait pas empêché le patron de la PJ, dès le 15 mars, de mettre sur l'affaire la Sous-Direction antiterroriste. Le meurtre des trois militaires pouvait avoir une autre motivation que celle de s'en prendre à l'État. Mais abattre, au hasard, des enfants dans une école, de surcroît confessionnelle, c'était clairement chercher à terroriser la population.

Le procureur de Paris, François Molins, avait également décidé de saisir la Direction centrale du renseignement intérieur, en plus de la PJ. À la différence de la plupart des autres services de renseignement intérieur européens, tel le fameux MI5 britannique, par exemple, la DCRI compte effectivement un service de police judiciaire spécialisé. L'autre exception notable, quoique différente, est bien évidemment le FBI aux États-Unis, qui mène également des enquêtes en matière de contre-espionnage et d'antiterrorisme sous le contrôle de la justice.

Service de renseignement intérieur ayant pour finalité de détecter, d'évaluer les menaces et d'informer les autorités, la DCRI était donc aussi en mesure de mener une enquête judiciaire et de procéder à des interpellations. Officiellement saisie par le procureur de Paris, la DCRI allait avoir accès à l'intégralité du dossier judiciaire et pouvoir s'impliquer totalement.

Bernard Squarcini avait passé la tête dans mon bureau en fin d'après-midi. Il dirigeait la DCRI depuis sa création, en 2008, après avoir passé la quasi-totalité de sa carrière aux Renseignements généraux, puis avoir été à la tête de la DST pendant un an. Bernard faisait partie de ces flics de haut vol, repérés par Nicolas Sarkozy quand il était arrivé au ministère de l'Intérieur en 2002. Comme quelques-uns de ses prédécesseurs place Beauvau, Nicolas Sarkozy avait eu pour la police et les policiers plus qu'un intérêt : un véritable coup de foudre. Tout lui plaisait chez ces hommes : leur courage, leur sens du dévouement, de la débrouillardise, leur gouaille aussi, et surtout leur fidélité. Plus d'une fois j'ai entendu Frédéric Péchenard dire que les flics ressemblaient plus à des chiens qu'à des chats, parce qu'ils étaient davantage attachés au maître qu'à la maison.

Au cours de ces dernières années, Bernard avait montré l'étendue de son talent. Son flair et les réseaux uniques qu'il avait su tisser tout au long de sa carrière, en France comme à l'étranger, lui avaient permis de jouer les premiers rôles, dans l'arrestation d'Yvan Colonna en 2003, et la libération de nombreux otages français. Beaucoup lui doivent la vie sauve sans le savoir.

Je voyais Bernard très régulièrement et toujours avec le même plaisir. J'aimais la manière bien à lui qu'il avait d'entrer dans mon bureau avec son air de conspirateur, sans jamais se prendre au sérieux. Il ouvrait son volumineux porte-documents en cuir noir bourré de notes et de feuilles griffonnées, et passait à l'ordre du jour : risques de subversions violentes, contre-terrorisme ou sujets d'actualité. Bernard livrait beaucoup d'informations confidentielles, mais jamais plus que nécessaire. On ignore trop souvent qu'une habilitation secret-défense ne donne pas le droit d'être au courant de tout, seulement de ce que l'on a spécifiquement besoin de connaître.

Cette fois-ci, Bernard n'avait même pas pris le temps de s'asseoir en face de moi et de poser son fameux porte-documents sur ma table de travail. Il m'avait juste dit : « Je pars tout à l'heure à Toulouse. Tu devrais m'accompagner. On parlera dans l'avion. » J'avais déjà hésité, en fin de matinée, à rejoindre Claude Guéant à Villacoublay. Mais la situation avait évolué depuis : le ministre allait rester à Toulouse pour une période indéterminée et personne, sur place, n'assurait l'interface avec les différents services de police. En tant que conseiller sécurité du ministre, ma place était là-bas, auprès de lui. Juste le temps de prévenir mon équipe – affectueusement surnommée le « Pôle cigare » par mon ami Georges-François Leclerc, préfet, directeur adjoint du cabinet –, et je fonçai chez moi prendre quelques affaires. Mieux valait être prévoyant.

11

À Toulouse comme à Paris, le temps du recueillement était venu. Aux environs de 17 heures ce lundi 19 mars, dans une synagogue du centre de Toulouse, se tint un office religieux, pour prier, se recueillir et se souvenir des victimes de l'école Ozar-Hatorah. Un peu plus tard dans la soirée, une lecture de psaumes allait également avoir lieu à la synagogue Nazareth de Paris, en présence du président de la République, du Premier ministre, ainsi que des principales personnalités politiques françaises. Dans ces deux villes et dans bien d'autres encore, une foule nombreuse de plusieurs milliers de personnes se pressait devant les temples, faute d'avoir trouvé de la place à l'intérieur.

Traversant la haie de journalistes postés à l'entrée de la grande synagogue de Toulouse, Claude Guéant rejoignit, près de l'autel, les responsables de la communauté juive locale en sa qualité de représentant du gouvernement. Il fut étonné de voir François Bayrou se glisser parmi eux, à côté du rabbin, alors que les autres personnalités politiques de la région s'étaient installées, à quelques mètres de là, avec les fidèles. Peu auparavant, à la surprise générale, l'élu du Béarn s'était déjà invité à la conférence de presse donnée par la communauté juive de Toulouse. Sans attendre la fin de la cérémonie, François Bayrou s'éclipsa après avoir chuchoté à l'oreille de Claude Guéant qu'il était attendu à Grenoble pour un meeting. En dépit du jet privé qu'il avait loué pour l'occasion, le président du MoDem arriva à destination avec une heure trente de retard.

À la différence des principaux candidats, François Bayrou avait en effet souhaité maintenir sa réunion publique le jour même du drame et poursuivre sa campagne électorale. Ce soir-là, il avait prononcé un discours très politique, à rebours des appels à l'union nationale. Sa cible était, une fois de plus, le président de la République. François Bayrou expliquait que la tuerie du matin trouvait ses racines « dans l'état d'une société malade de divisions ». Sans jamais le désigner nommément, tout était fait dans son discours pour rendre Nicolas Sarkozy moralement responsable de cette tragédie. C'était lui qui avait contribué à monter les Français les uns contre les autres. C'était lui qui avait entretenu un climat de défiance en « pointant du doigt » certaines personnes en raison de leurs origines. « On lance des sujets, des mots, avait-il conclu, ils roulent comme des avalanches et, quelquefois, tombent sur des fous. »

Sans surprise, ces propos allaient susciter une vive polémique et soulever une profonde indignation, à droite comme à gauche. Comme le dirait le ministre des Affaires étrangères, Alain Juppé, Bayrou avait ajouté « l'ignoble à l'horrible ». Quant au président du groupe socialiste à l'Assemblée nationale, Jean-Marc Ayrault, il avait dénoncé une tentative d'instrumentalisation. Une chose était sûre : l'affaire avait fait violemment irruption dans la campagne. Nous allions devoir supporter cette énorme pression.

12

Nous nous envolâmes avec Bernard Squarcini lundi en fin de journée. Nous étions attendus à la préfecture de Toulouse pour une réunion de travail en début de soirée. Pendant le vol, Bernard me briefait sur l'avancement du travail de ses services. Depuis le jeudi 15 mars, la DCRI s'était mobilisée pour épauler les policiers de la PJ. La Direction régionale, à Toulouse, avait fait un premier travail de tri, un peu à l'aveugle, en tentant d'identifier les individus connus du service et susceptibles de commettre de tels actes. Les informations communiquées durant le week-end par la SDAT, issues des listings fournis par les opérateurs téléphoniques, avaient permis aux agents du renseignement intérieur de concentrer leurs recherches. Depuis la veille au soir, c'est-à-dire le dimanche 18 mars, les hommes de Bernard disposaient d'une première liste de noms : celle de neuf personnes fichées dans CRISTINA qui s'étaient connectées au site « leboncoin.fr » pour consulter l'annonce du sous-officier Ibn Ziaten. Il s'agissait, bien sûr, d'une base de travail prometteuse, mais rien ne permettait encore, à ce stade, de penser qu'elle allait déboucher sur quelque chose de concret.

En même temps qu'il me parlait, Bernard me tendit une chemise cartonnée dans laquelle figuraient deux épaisses notes de la Direction régionale du renseignement intérieur de Toulouse (DRRI 31), frappées d'un tampon à l'encre rouge « CONFIDENTIEL DÉFENSE », qui m'était familier. Elles dataient du 16 mars 2012 et présentaient chacune une dizaine de portraits d'individus considérés comme suffisamment dangereux pour être impliqués directement ou indirectement dans la mort des militaires à Montauban. Ces vingt profils appartenaient tous, soit à la mouvance de l'extrême droite radicale en Midi-Pyrénées, soit à la mouvance salafiste des environs. La tuerie de Toulouse n'avait pas remis en cause ce premier travail d'identification, elle avait juste conduit à l'affiner. Connaissant son dossier sur le bout des doigts, Bernard me commentait le profil personnel des individus fichés. Je l'écoutais avec attention, en fixant longuement, chaque fois, leurs photos, comme pour tenter de mieux pénétrer leurs pensées. À la fin de l'exercice, sur cette vingtaine de personnes, seules douze présentaient depuis la tragédie du matin des profils vraiment dignes d'intérêt : six gravitaient dans la nébuleuse de l'ultra-droite, les six autres dans la mouvance islamiste radicale.

À Toulouse comme partout en France, l'extrême droite regroupait de nombreux groupuscules, éclatés en plusieurs familles d'idées, principalement celle de la droite identitaire et du néonazisme. Les militants les plus dangereux, qui n'hésitaient pas à revendiquer des actions violentes et racistes, appartenaient tous à des mouvements bien connus des autorités : Bloc identitaire, groupes de skinheads membres des « Charlemagne

Hammer Skins » ou encore proches du réseau « Blood and Honour ». En dépit des fortes distinctions existant entre ces différentes chapelles, tous leurs membres partageaient le même rejet de l'immigré, le même antisémitisme et une fascination identique pour la violence.

La mouvance salafiste était également très active à Toulouse, comme ailleurs en France, depuis quelques années, et faisait l'objet d'une attention particulière des services. Je connaissais assez bien ce mouvement sunnite traditionnel – *as-salafiyya* signifie, littéralement, le retour aux ancêtres –, parce que, en arrivant à Beauvau, Claude Guéant m'avait confié, en plus de mes autres activités, le portefeuille très sensible des cultes. Paradoxalement, ce courant qui revendiquait une approche quiétiste, à vocation prosélyte, se voulait beaucoup moins activiste, politiquement parlant, que d'autres mouvements islamistes, comme les Frères musulmans. Les salafistes prônaient davantage le réarmement moral que la conquête du pouvoir et, pendant longtemps, ils s'étaient tenus à l'écart de la lutte armée. Ce n'étaient pas des salafistes qui avaient assassiné le président égyptien Anouar el-Sadate le 6 octobre 1981, lors d'une parade militaire au Caire, mais des anciens membres des Frères musulmans, appartenant à l'organisation du djihad islamique égyptien, qui reprochaient principalement au chef de l'État son rapprochement avec Israël.

Toutefois, depuis une vingtaine d'années, les choses avaient beaucoup évolué : la distinction traditionnelle entre un islam quiétiste, enfermé dans son rigorisme, tourné exclusivement vers la prédication, l'éducation ou la police des mœurs, et un islam activiste très politique s'était brouillée. Alors que les Frères musulmans s'étaient progressivement concentrés sur le jeu institutionnel classique, certains salafistes avaient basculé dans l'action armée, apportant au djihad international bon nombre de ses troupes. C'étaient eux que l'on avait retrouvés durant la « décennie noire » algérienne, dans les groupes armés comme le GIA (Groupe islamiste armé) ou le GSPC (Groupe salafiste pour la prédication et le combat), et qui composaient depuis quelque temps la plupart des recrues d'AQMI dans le Sud algérien, au Niger et au Mali.

En France, l'émergence de la mouvance salafiste datait d'une vingtaine d'années environ. Elle s'était développée à partir de quelques solides bastions, comme Stains, Lille ou Villeurbanne, par l'action prosélyte de quelques individus issus des rangs du FIS algérien, installés dans notre pays, ou de savants musulmans de retour d'Arabie saoudite, après y avoir suivi des cours de sciences islamiques. Sans que l'on ait de décompte précis, on pouvait estimer leur nombre à une grosse dizaine de milliers de fidèles en France, avec une dynamique de croissance évidente.

Je me souviens que, quelques mois avant de partir à Toulouse, j'avais été invité avec Franck-Philippe Georgin, un jeune conseiller technique du cabinet du ministre, qui gérait au quotidien les relations avec les différents cultes, à un dîner organisé par l'imam Hassen Chalgoumi, président de l'association culturelle des musulmans de Drancy. Autour de nous se trouvaient réunis les représentants de différentes communautés nationales, exprimant chacun une sensibilité particulière. Ce soir-là, j'avais été frappé par la forte inquiétude que certains convives exprimaient vis-à-vis de la montée du salafisme. Ils parlaient, bien sûr, des coups de force répétés de ces intégristes qui cherchaient à prendre le contrôle des lieux de culte. Le scénario était toujours le même : un petit groupe de salafistes s'infiltrait dans une mosquée, puis convertissait les autres fidèles à une approche plus rigoriste et puritaine de l'islam. Au bout de quelques mois d'un intense prosélytisme, ils se sentaient suffisamment forts pour contester l'autorité de l'imam, jugé trop libéral, et tentaient de le remplacer par un de leurs prédicateurs. De telles opérations commandos aboutissaient parfois, puisque l'on estimait qu'environ une quarantaine de mosquées étaient désormais sous le contrôle des salafistes en France.

Je me rappelle aussi que deux des invités présents ce soir de décembre 2011, dans le restaurant pakistanais du 8e arrondissement où nous dînions, avaient particulièrement retenu mon attention. L'un était égyptien, l'autre malien. Ils m'expliquaient que les jeunes de leurs communautés délaissaient les enseignements habituels de leurs aînés sous l'influence de leurs nouveaux maîtres à penser, et embrassaient un islam littéraliste éloigné des traditions. Bien sûr, tous les salafistes ne versaient pas dans l'action violente, cela ne concernait qu'une infime partie d'entre eux. Mais ils adoptaient tous une attitude de rejet du monde moderne propre à effrayer leur entourage, et leur pratique religieuse se caractérisait par une logique sectaire les poussant à s'extraire de la société environnante. Le vieux sage malien parlait avec tristesse des jeunes de sa communauté qui partaient faire un séjour au pays et qui revenaient totalement transformés.

Sous leurs coups de boutoir, il prédisait la fin prochaine du soufisme traditionnel, de sa poésie et de sa spiritualité.

Mais ce que tous redoutaient était ces disparitions pendant plusieurs mois de certains jeunes « partis étudier la religion ». Les parents craignaient toujours que leurs fils n'aillent grossir les rangs des combattants salafistes aux quatre coins du monde, et plus particulièrement au Yémen. Depuis 2004, c'était une destination très prisée des nouveaux fidèles. Une guerre civile religieuse y opposait, en effet, le pouvoir central prosaoudien à la rébellion houthiste, de tendance chiite. Recrutés dans les mosquées du monde entier, de jeunes salafistes se mobilisaient afin d'aider leurs coreligionnaires sunnites retranchés dans le centre de prédication de Dammaj, en plein pays rebelle.

13

L'avion commençait sa descente sur Toulouse, alors que je poursuivais ma lecture. Les profils des six individus de la mouvance islamiste radicale présentés par la DRRI 31 étaient effectivement dignes d'intérêt. On avait là toute une série de portraits inquiétants d'hommes au regard noir et à la barbe longue et drue. Les services avaient distingué les « profils violents » des « leaders ». Ces derniers ne s'imposaient pas aux autres par leur savoir ou leurs études supérieures dans les universités de la péninsule arabique, mais par les années de prison qu'ils avaient purgées et les liens qu'ils entretenaient avec les réseaux terroristes islamistes. Tous étaient plutôt jeunes, avec une moyenne d'âge autour de la trentaine.

En lisant chacune des rapides notices biographiques jointes au dossier, je me disais que peu de choses permettaient en fait de distinguer ces hommes du portrait du salafiste type : ils étaient de jeunes adultes presque toujours issus des classes populaires, nés et scolarisés en France, souvent confrontés à une situation de déclassement social. La grande majorité était issue de familles musulmanes, mais entre un quart et un tiers d'entre eux étaient des convertis. J'étais presque convaincu que, si j'étais allé chez eux, j'aurais trouvé dans leur bibliothèque ou sur leur table de chevet le livre religieux musulman le plus vendu en France ces dernières années, particulièrement prisé des salafistes, *La Voie du musulman*, du cheikh saoudien Abou Bakr Al-Djazairi.

Bernard me désigna du doigt l'un des six islamistes. Il s'appelait Mohamed Merah. C'était la toute première fois que j'entendais ce nom. Il s'agissait d'un jeune islamo-délinquant comme il en existe des milliers dans notre pays. Né en 1988, il n'avait pas encore vingt-quatre ans, mais paraissait beaucoup moins âgé sur les photos. Pourquoi la DCRI s'intéressait-elle particulièrement à lui ? D'autres semblaient autrement plus dangereux dans le dossier que je venais de consulter, notamment parmi ses coreligionnaires. Bernard acquiesça. Il m'expliqua juste que le nom de sa mère était sorti au criblage que les services avaient effectué la veille au soir. Dans une série télévisée, ce seul indice aurait déjà justifié une descente musclée de la police. Mais, dans la vraie vie, cela ne suffisait pas à en faire un coupable. L'une des adresses IP s'étant connectée à la petite annonce du sergent-chef Ibn Ziaten correspondait à celle de l'ordinateur de sa mère, Zoulikha Aziri. Mais rien que dans l'entourage familial proche, six personnes au moins pouvaient y avoir eu accès, sans parler des voisins ou des amis du couple. Il n'en demeurait pas moins que deux des enfants de Mme Aziri, Mohamed et Abdelkader, étaient fichés dans CRISTINA.

La suite de notre conversation fut interrompue par notre arrivée à l'aéroport de Toulouse-Blagnac. Deux voitures de service banalisées nous attendaient sur le tarmac. Le directeur régional du renseignement intérieur, Christian Balle-Andui, se tenait au pied de la passerelle. C'était une forte personnalité, un homme expérimenté, que Bernard connaissait depuis longtemps. Le trajet ne fut pas long jusqu'à la préfecture, juste le temps de faire un dernier point de la situation avant de retrouver le ministre.

Henri-Michel Comet, le préfet de région, nous accueillit à sa résidence située en plein centre-ville de Toulouse. C'était une belle bâtisse imposante, installée au fond de la large cour pavée de la préfecture. La porte d'entrée donnait sur un étonnant hall de réception, immense et froid, flanqué de colonnes blanches. De là, on accédait aux salons et à la salle à manger du préfet. Nous apprîmes rapidement le programme de la soirée : réunion de travail, dîner à la préfecture, puis déplacement en ville pour inspecter le renforcement du plan Vigipirate. Henri-Michel Comet venait tout juste de rentrer de congés, précipitamment. Il avait roulé toute la journée pour faire la route d'une traite depuis le sud de l'Espagne. Il n'y avait jamais d'exception à la règle : les vacances des préfets tombaient toujours mal !

Nous retrouvâmes à la réunion Claude Guéant, bien sûr, Christian Lothion, ainsi que deux de ses adjoints : Éric Voulleminot, le sous-directeur en charge de l'antiterrorisme, et François Bodin, le directeur interrégional de la PJ. Côté cabinet, Nathalie Gonzalez-Prado, la chef de cabinet du ministre, et Vincent de Bernardi, son conseiller en communication, étaient également présents. L'une et l'autre n'avaient pas du tout prévu l'installation du ministre à Toulouse. Ils avaient dû acheter quelques affaires en catastrophe aux Galeries Lafayette, afin de pouvoir rester à ses côtés le temps nécessaire.

Christian Lothion fit la synthèse de l'enquête en cours. Pour le moment, nous n'avions toujours aucune certitude, si ce n'est que le tueur courait toujours plus de dix heures après la tuerie de l'école Ozar-Hatorah et quatre jours après celle de Montauban. Cela n'avait rien de surprenant en soi, compte tenu de la complexité de l'enquête. Mathématiquement parlant, si l'on se référait aux statistiques de ce genre d'affaire criminelle, on avait de sérieuses chances d'avoir une nouvelle série d'homicides, à Toulouse ou dans la région, avant qu'on n'ait pu mettre la main sur leur auteur. Chacun avait noté que, jusqu'à présent, les meurtres avaient lieu tous les quatre jours : 11 mars, 15 mars, 19 mars. Et rien, si ce n'est le hasard, ne pouvait nous certifier que le tueur ne chercherait pas à frapper de nouveau avant le 23 mars. Et au vu des derniers événements, il y avait tout lieu de penser qu'il franchirait une étape supplémentaire dans l'horreur. Dans une grande ville comme Toulouse, ce n'étaient pas les lieux de possibles attentats qui manquaient.

Nous n'avions, ce lundi soir, aucun élément matériel, aucun indice concret nous permettant d'être vraiment optimistes quant à l'issue rapide de l'enquête. Aucune des conditions qui permettaient habituellement à la PJ d'avancer rapidement dans ce genre d'affaire ne semblaient réunies : nous n'avions pas de description précise du tueur, et les analyses faites par la police scientifique sur les diverses scènes de crime n'avaient rien donné. Du côté du mobile de ces crimes, on se dirigeait maintenant de plus en plus vers la piste islamiste.

Cette nouvelle orientation s'expliquait, d'abord, par une conviction partagée par la plupart des personnes présentes à la réunion : si des activistes d'extrême droite avaient dû passer à l'action contre la communauté juive, ils s'en seraient plutôt pris à une personnalité de premier plan, pas à de jeunes écoliers. En revanche, l'actualité internationale montrait depuis longtemps que les terroristes islamistes, eux, n'hésitaient pas à cibler les femmes et les enfants, quel que soit leur âge, pour servir leur cause.

De façon plus concrète, le seul élément en la possession des enquêteurs qui permettait d'établir un lien entre ces séries de meurtres et des personnes soupçonnées d'entretenir des relations avec des organisations terroristes était la liste de noms sortis du criblage opéré par la DCRI à partir des 574 adresses IP. Or, dans la région toulousaine, seul celui de Zoulikha Aziri était ressorti. Avant la tuerie de l'école Ozar-Hatorah, cet élément avait été jugé intéressant par les enquêteurs. Depuis, il semblait essentiel.

On avait désormais une hypothèse, celle de l'action terroriste islamiste, et un point d'entrée : la famille de Mme Aziri. Deux de ses fils nés d'un premier mariage, Mohamed et Abdelkader Merah, étaient connus des services antiterroristes pour avoir été en relation avec les membres d'un groupe d'islamistes salafistes interpellés, plusieurs années plus tôt, pour partie en France et en Syrie. Entre les deux frères, il apparaissait clairement que c'était l'aîné, Abdelkader, qui jouait le rôle de leader. Il s'était rendu en 2009 en Égypte pour étudier le Coran. Le cadet, Mohamed, semblait moins contrôlable et davantage porté vers l'action. On apprenait ce soir-là qu'il avait été contrôlé en 2010 par un service américain alors qu'il se trouvait en Afghanistan, sans que rien lui soit officiellement reproché. Par précaution, il avait été par la suite inscrit sur la liste noire des personnes interdites de vol aux États-Unis. Cela ne suffisait pas, bien entendu, à en faire un coupable. D'autres profils de ce type, dans la mouvance islamiste, paraissaient d'ailleurs potentiellement plus dangereux. Mais l'apparition de l'adresse IP de l'ordinateur de leur mère introduisait forcément la fratrie Merah dans la partie, rendant désormais plausible leur implication, d'une façon ou d'une autre.

En terminant notre réunion, chacun de nous avait conscience du peu d'éléments concrets en notre possession et de la fragilité de nos hypothèses. Nous allions devoir nous en contenter et suivre notre instinct, faute de mieux.

14

La soirée de lundi s'était un peu prolongée. Notre tournée d'inspection Vigipirate au centre-ville, notamment dans le quartier de la gare ferroviaire, s'était déroulée sous les feux des photographes et des caméras de télévision. Le ministre répondait aux journalistes en s'en tenant aux éléments de langage que nous avions définis ensemble précédemment : l'enquête progressait, avec à ce stade deux pistes terroristes possibles, celle de l'extrême droite et celle de l'islamisme radical. Au cours des vingt-quatre heures suivantes, à rebours de l'enquête, nous allions même donner volontairement du crédit à la première piste, afin de préserver le plus longtemps possible le secret de nos investigations. Un « pieux mensonge » : le tueur se tenait probablement informé et nous ne voulions courir aucun risque.

Je retrouvai Bernard Squarcini en bas de mon hôtel, le lendemain à 7 h 30. Nous avions rendez-vous dans les locaux de la Direction régionale du renseignement intérieur pour une matinée de travail. J'avais quitté Bernard un peu plus tôt, aux alentours de 3 heures. N'ayant pas envie de dormir, nous avions marché en compagnie de

Christian Lothion dans les rues de Toulouse, à la recherche d'un café encore ouvert. Toute la soirée, en effet, passant d'une réunion à l'autre, Christian n'avait pas eu le temps de dîner. Nous avions finalement atterri tous les trois dans un petit bar sans prétention niché dans une ruelle pavée, devant une assiette de jambon de montagne. L'endroit n'était pas déplaisant, bien qu'il me parût davantage accoutumé à recevoir les amis de Julien Coupat, plutôt que les directeurs du renseignement intérieur et de la police judiciaire française.

Notre discussion avait naturellement porté sur l'affaire. Christian et Bernard partageaient le même sentiment : il n'y avait aucun doute, pour eux, que le tueur allait finir par commettre une faute et se trahir, tôt ou tard. Mais quand ? Si l'on avait bien affaire à un terroriste islamiste qui tuait à l'aveugle, il fallait s'attendre à tout et à n'importe quel moment : dans une église, un grand magasin ou un café bondé. Dans une ville de 440 000 habitants, ce n'étaient pas les lieux et les occasions de perpétrer un beau massacre qui manquaient.

La Direction régionale du renseignement intérieur était implantée pour des questions de sécurité hors de l'hôtel de police, en plein centre de Toulouse. De l'extérieur, l'immeuble, entièrement recouvert de briques rouges, ressemblait à n'importe quel autre, sans aucun signe distinctif, mis à part sa lourde porte métallique à l'entrée. À peine installés ce mardi matin, Christian Balle-Andui nous fit part des dernières avancées de l'enquête : la PJ avait désormais la certitude que le scooter blanc utilisé par le tueur, la veille, à l'école Ozar-Hatorah, avait été repeint. Cette information importante avait été découverte la veille par un policier, lui-même motard, qui avait visionné la bande vidéo de la caméra de surveillance extérieure de l'école. Vérification faite auprès du constructeur, à la différence du scooter Yamaha 530 vu sur la scène de crime, celui qui était vendu en teinte blanche dans le commerce comportait des rétroviseurs ainsi que des éléments de carénage noirs. Celui qui avait repeint le scooter semblait avoir oublié ce détail. On pouvait donc en déduire que c'était bien le même engin qui avait servi à Montauban et à Toulouse.

Nous apprîmes par ailleurs que le jeune adolescent blessé lors de la fusillade, Aaron Bijaoui, était désormais sorti d'affaire. L'un des responsables de la communauté juive s'étonnait de l'absence de garde devant sa porte. Par sécurité, il avait été enregistré sous X au moment de son hospitalisation à l'hôpital de Rangueil. Bien qu'une présence physique sur place soit inutile, j'insistai pour envoyer régulièrement quelqu'un, de façon à rassurer son entourage.

Le reste de la réunion fut entièrement consacré à l'examen détaillé des deux grandes pistes terroristes. Christian Balle-Andui convoqua d'abord l'ensemble des agents qui suivaient les mouvements d'ultra-droite dans la région, pour faire le point de leurs recherches et recueillir leurs observations. L'affaire ne nous retint pas longuement. Sur les six profils d'activistes précédemment identifiés, il n'en restait maintenant plus que deux qui soient réellement intéressants. Leur dangerosité était indiscutablement avérée. On avait affaire à des défenseurs acharnés de la suprématie blanche, violents et illuminés. Le dispositif de surveillance technique mis en place depuis la veille semblait pourtant les mettre hors de cause. Le travail engagé allait être poursuivi, mais pour fermer définitivement la porte de cette hypothèse.

Mardi 20 mars au matin, il ne restait donc qu'une seule piste crédible permettant d'expliquer les tueries de Toulouse et de Montauban : celle de l'attentat islamiste. L'équipe chargée de surveiller la mouvance salafiste nous présenta les conclusions de ses dernières recherches. Trois individus étaient particulièrement ciblés : la fratrie Merah ainsi qu'un converti très actif. Pendant les trois heures suivantes, j'allais apprendre tout ou presque de la vie de ces suspects et me faire progressivement à l'idée que deux d'entre eux étaient vraisemblablement impliqués, d'une façon ou d'une autre, dans cette affaire : Mohamed et Abdelkader Merah.

15

Le nom des Merah avait fait irruption dans le dossier moins de deux jours auparavant, le dimanche 18, exactement, tard dans la soirée. L'apparition de l'ordinateur de leur mère dans la liste de ceux qui s'étaient connectés à l'annonce du site « leboncoin.fr » avait naturellement conduit les services à se pencher sur toute la famille de Mme Aziri. Le premier cercle familial comptait cinq enfants : deux sœurs (Souad et Aïcha) et trois frères (Abdelghani, Abdelkader et Mohamed). Venaient ensuite sept demi-frères et sœurs que le père avait eus d'un précédent mariage.

Parmi tous ces enfants, trois avaient déjà fait l'objet d'un signalement local pour leur implication dans la mouvance salafiste toulousaine : Souad, Abdelkader et Mohamed. Les deux premiers, étudiants dans un institut coranique du Caire, avaient entretenu des liens avec un réseau local impliqué dans l'organisation d'une filière de combattants pour l'Irak. Le groupe avait été démantelé suite à l'arrestation en 2006 de deux jeunes djihadistes toulousains à la frontière irakienne par les services syriens. L'un d'eux, Sabri Essid, était le fils de Mohamed

Essid, qui allait épouser cinq ans plus tard Zoulikha Aziri, devenant ainsi le beau-père des Merah.

Pour autant, aucun des enfants de la famille n'avait jamais participé formellement à une activité djihadiste. Leurs fiches n'étaient au-dessus de la pile que parce que quelqu'un, dans l'entourage de Mme Aziri, s'était à un moment servi de son ordinateur pour consulter la petite annonce du sergent-chef Ibn Ziaten.

L'exposé des agents montrait clairement que, des trois enfants concernés, si Mohamed était le plus jeune et le moins endoctriné, il était aussi celui qui avait le profil le plus intéressant. Un des policiers, un brigadier, prit alors la parole. C'était un homme petit et fluet, assez timide. Il s'appelait Hassan et s'était présenté comme l'agent de renseignement responsable du suivi de Mohamed Merah. En l'écoutant, je commençai à me familiariser de plus en plus avec notre homme.

Né le 10 octobre 1988, à Toulouse, Mohamed Merah avait un parcours assez quelconque : après une scolarité secondaire difficile mais menée à son terme, il avait obtenu un CAP d'ouvrier carrossier et décroché un emploi, même s'il n'exerçait plus, à l'époque, d'activité professionnelle. Il s'agissait donc d'un jeune homme de vingt-trois ans plutôt intégré. Seule ombre au tableau, Mohamed avait, quelques années plus tôt, été interpellé à diverses reprises pour des actes de délinquance de droit commun. Le fichier du STIC mentionnait une petite vingtaine de citations à son nom, dont quinze quand il était encore mineur, pour des faits de menaces, de violences volontaires, de vols avec violence ou de recel. Il avait même purgé, à deux reprises, des peines d'emprisonnement pour divers délits allant du vol avec arme blanche à la conduite sans permis, essentiellement à la maison d'arrêt de Seysses, à une vingtaine de kilomètres de Toulouse, en rase campagne. Dix-neuf mois au total.

Le plus jeune des frères Merah était donc un délinquant de banlieue sans grande envergure, comme il en existe beaucoup. Ses liens avec la mouvance islamiste avaient été pendant longtemps uniquement familiaux et plutôt indirects, à travers ses fréquentations. Il n'était apparu, pour la première fois sérieusement, dans le champ de vision de la DCRI qu'à la fin de l'année 2008, lors d'un travail d'enquête visant un activiste djihadiste bien connu. Au début 2011, Merah changeait de statut aux yeux des services : il devenait lui-même un sujet digne d'intérêt. On apprenait en effet qu'il avait fait l'objet d'un contrôle par la police afghane quelques semaines plus tôt, le 22 novembre 2010, du côté de Kandahar. Interrogé, il déclarait venir de Kunduz et Mazar, et voyager à titre personnel pour se rendre sur le site des Bouddhas de Bâmiyân. Remis à l'armée américaine, celle-ci avait décidé, par mesure de sécurité, de le ramener à Kaboul, et de le renvoyer en France *via* Dubaï. Manifestement, Mohamed Merah avait refusé de monter à bord et avait été embarqué de force par la police.

À l'occasion de vérifications menées pour l'identifier formellement, on découvrait les détails d'un précédent voyage qui avait eu lieu peu de temps auparavant. Le jeune Merah avait en effet quitté Toulouse le 17 juillet 2010, pour entamer un périple qui l'avait mené successivement dans six pays : en Allemagne, Syrie, Turquie, au Liban puis en Israël, avant d'arriver en Égypte, où il avait retrouvé son frère Abdelkader qui y séjournait. De là, il avait rejoint la France en passant par Bruxelles.

En somme, il était revenu chez lui, à Toulouse, en octobre 2010, sept jours seulement avant de repartir au Tadjikistan, où il était resté trois semaines, avant de gagner l'Afghanistan. Ce n'était pas tout puisque, huit mois après ce deuxième voyage d'où il était revenu contraint et forcé, Mohamed Merah décidait de s'envoler une nouvelle fois, le 19 août 2011, pour le Pakistan, à Lahore, cette fois dans le but affiché de trouver une épouse. Sa mère semblait en effet l'avoir convaincu de se rendre à Gujrat, chez une de ses amies qui cherchait à marier ses filles.

Revenu de son dernier déplacement le 19 octobre 2011, le benjamin de la fratrie Merah avait naturellement fait l'objet d'un suivi opérationnel immédiat et approfondi. Depuis le début des années 90, les services français de contre-terrorisme ont toujours été convaincus que la principale menace qui guettait notre pays était en effet constituée par le retour d'individus radicalisés des terres de djihad, formés et aguerris. Compte tenu des informations qui venaient de nous être communiquées à l'instant, je m'attendais à retrouver chez Merah un profil devenu malheureusement classique en France : celui de l'islamo-délinquant djihadiste. Mais les choses étaient loin d'être aussi claires, ici.

J'avais devant moi les agents qui s'étaient chargés localement de la mission de surveillance quotidienne de Mohamed Merah, et qui avaient mené l'enquête d'environnement. Or, ils étaient formels : leur travail s'était révélé décevant. Ils n'avaient pas observé de signes de basculement brutal de la cible dans le djihadisme actif. Aucun contact inquiétant ni aucun projet à visée terroriste n'avait été remarqué. Les résultats de la surveillance technique mise en place ne donnaient rien non plus. À la différence de centaines d'autres individus suivis partout en France par la DCRI, Merah n'avait jamais présenté jusqu'alors de signes de dangerosité particulière. On avait dès lors logiquement mis un terme aux filatures et aux écoutes pour se concentrer sur des « clients » plus prometteurs. Sans même parler des questions de principe, qui rendent illégitime la surveillance continue de personnes qui ne paraissent pas menacer directement l'ordre public, les services ne peuvent, en effet, se permettre de mobiliser ainsi, pendant des mois, des dizaines d'agents. Cette impossibilité de matérialiser à son encontre les éléments constitutifs de « l'association de malfaiteurs avec une entreprise terroriste » – seule infraction permettant d'agir en préventif, à la condition qu'au moins deux personnes soient conjointement impliquées dans un même projet criminel – avait de la même façon empêché de judiciariser le dossier et de procéder à l'interpellation de Merah.

À la mi-novembre 2011, les services convièrent donc Mohamed Merah à un simple entretien administratif, ce qui est assez classique dans ce genre de situation. Il s'agit de montrer à la personne entendue qu'elle a été identifiée par les autorités et fait l'objet d'un suivi. Souvent dissuasif, ce type d'entretien, qui dure plusieurs heures, permet également de mieux cerner la personnalité des individus concernés.

Dans le cas de Merah, les services avaient pris contact avec lui dès le mois d'octobre, mais étant alors encore au Pakistan, celui-ci avait obtenu le report de son audition. Menée par deux agents venus de la centrale qui avaient fait le déplacement, cette dernière fut tout aussi peu concluante que les opérations de surveillance qui l'avaient précédée. Mohamed Merah était sans aucun doute un vrai militant salafiste, apparemment converti aux thèses radicales pendant son second séjour en prison, mais il ne ressemblait pas aux activistes habituellement traités par les services.

Les investigations entreprises révélaient ainsi que, contrairement à la quasi-totalité des autres combattants volontaires européens, le jeune Merah ne semblait avoir emprunté aucune des filières djihadistes connues des services de renseignement. On n'avait trouvé aucune trace de liens éventuels avec les facilitateurs habituellement sollicités. Il n'avait pas emprunté non plus les routes traditionnelles de l'Iran vers les zones d'accueil des combattants au nord-Waziristan, au Pakistan. Et les services de ce pays n'avaient ni signalé ni confirmé sa présence dans un camp d'entraînement djihadiste de la région.

Plus généralement, les agences de renseignement des pays par lesquels Merah était passé, en Turquie, Algérie, Égypte ou Israël, n'avaient rien remarqué d'inquiétant. Une fois seulement, lors de son premier périple, il avait attiré sur lui l'attention des autorités, en arrivant sur le sol israélien… en possession d'un canif ! Mais à l'issue du contrôle, considéré comme un simple prédicateur tabligh, il avait été laissé libre de circuler. De la même façon, son contrôle en Afghanistan n'avait donné lieu à aucun traitement particulier par les Américains.

16

En fin de compte, Mohamed Merah était peut-être un jeune musulman attiré par l'aventure, mais il semblait demeurer jusqu'à présent étranger au cercle des activistes français ou européens de retour des terres de djihad, formés au combat et décidés à introduire la lutte armée dans leur pays d'origine. Les faits étaient cependant têtus : à travers l'adresse IP de l'ordinateur de sa mère, c'était bien lui qui se retrouvait, aux côtés de son frère, au milieu de cette affaire, et personne d'autre. En écoutant attentivement Hassan et ses collègues de la DRRI, je pouvais imaginer le cheminement qui avait été le leur depuis plus d'un jour, à partir du moment où avait surgi le nom de Merah pour la première fois. Ils avaient dû, logiquement, prendre le problème à l'envers. Désormais, la question n'était plus de savoir si Mohamed et Abdelkader Merah étaient ou non impliqués dans la série de meurtres de Toulouse et de Montauban. Ils l'étaient, l'un ou l'autre, d'une façon ou d'une autre. Il fallait juste trouver les indices qui permettraient de le démontrer.

À ce jeu-là, Mohamed présentait incontestablement un profil plus intéressant que son frère aîné. Si l'un des deux, seulement, devait être lié aux meurtres qui avaient révolté la France entière, alors ce ne pouvait être que lui. C'était Mohamed, en effet, et non Abdelkader, qui était connu de la police pour être un garçon violent. Son casier judiciaire en témoignait : sur ses dix-huit citations au STIC, la plupart concernaient des faits de violences volontaires. Des enquêtes d'entourage menées, il ressortait que le benjamin de la famille s'emportait de temps à autre, y compris avec ses proches, comme son ancienne compagne, ou certains membres de sa famille, Abdelkader compris.

Mohamed Merah pouvait-il avoir pris, récemment, un virage brutal, capable de le mener à commettre des actions terroristes ? Personne autour de moi ne se risquait à répondre de façon tranchée. Son dossier n'apportait rien de décisif, à moins de regarder tous les petits délinquants de banlieue convertis à l'islam comme des terroristes en puissance ou des tueurs d'enfants. Je me souviens toutefois qu'à l'énoncé des principaux faits divers ayant émaillé sa vie l'un d'entre eux nous avait particulièrement interpellés : à la fin du mois de juin 2010, une mère de famille avait déposé une plainte contre lui, parce qu'il avait fait regarder à son fils de quinze ans, chez lui, une vidéo de propagande très violente d'Al-Qaïda, qui montrait des scènes d'exécutions et de décapitations.

Non seulement le benjamin des Merah était beaucoup plus violent que son aîné, mais il était aussi bien meilleur pilote. Tous deux étaient des motards confirmés, mais Mohamed avait une véritable passion pour la vitesse, que ce soit sur quatre ou deux roues. Les agents chargés de le filer, à l'époque, l'avaient d'ailleurs plusieurs fois vu se livrer à des rodéos, dans la cité des Izards.

Or, deux sources d'information distinctes, l'une humaine, l'autre technique, confirmaient que le tueur pilotait son engin avec une grande dextérité. C'était effectivement ce qu'avait déclaré le propriétaire qui s'était fait voler sous ses yeux son T-Max 530. C'était aussi ce qui ressortait de la lecture des vidéos de surveillance de la ville de Montauban, que la PJ venait de remettre à la DRRI. Sur les images, on pouvait effectivement voir l'auteur des coups de feu, quelques minutes après le drame, remonter une file de circulation en slalomant entre les voitures, avec une virtuosité évidente. Ces images apportaient finalement davantage d'informations aux enquêteurs que celles des meurtres, qui montraient un homme en blouson, un casque intégral vissé sur la tête, pas particulièrement grand, mais pas petit non plus, ni gros ni maigre. Un pilote, en revanche, pouvait être identifié par sa conduite.

Afin d'y voir un peu plus clair, les services avaient décidé, dès le lundi après-midi, de placer sous surveillance chacun des frères Merah, ainsi que plusieurs autres personnes proches de la mouvance salafiste, susceptibles d'être impliquées dans cette affaire. Mais ni Mohamed ni Abdelkader n'avaient été vus récemment. Celui-ci avait même quitté depuis quelques mois son dernier domicile connu, sans laisser d'adresse. On retrouva sa trace à 30 kilomètres au sud de Toulouse, à Auterive.

Avec le dispositif opérationnel H24 mis en place depuis la veille, les frères Merah ne pouvaient qu'être rapidement repérés. Les services avaient mis le paquet.

Rien que pour Mohamed, on avait mobilisé autour du 17, rue du Sergent-Vigné, son domicile, et de la carrosserie Huguet à Castelnau d'Estrefonds, son dernier lieu de travail, des équipes de surveillance de la direction de Toulouse et de Bordeaux. Des techniciens étaient également venus de Paris pour assister leurs collègues.

Pour ne rien laisser au hasard, on avait posé en face de l'entrée de son immeuble une caméra vidéo, et même réalisé des IMSI catching, afin de géolocaliser en temps réel son téléphone portable, si jamais il s'en servait.

Jusqu'alors, Mohamed Merah était invisible. Mais tout laissait penser qu'il était bien enfermé chez lui, les volets clos. Le lundi soir, vers 21 heures, un livreur de Jack's Pizza s'était présenté à la porte de l'immeuble sans que l'on sache très bien à qui était destinée sa livraison. Et, surtout, tôt dans la matinée du mardi, un homme manifestement intrigué par le survol d'un hélicoptère de la gendarmerie était apparu fugacement à la fenêtre de son appartement, avant de refermer vite ses volets. On attendait le traitement des images vidéo pour avoir confirmation qu'il s'agissait bien de Mohamed Merah.

17

Nous quittâmes juste avant midi les bureaux de la DRRI avec Squarcini et Balle-Andui, pour nous rendre à la préfecture où nous devions retrouver les autres services de police pour faire le point sur l'enquête. Quand nous arrivâmes, ni Guéant ni notre hôte, le préfet de région, n étaient encore arrivés. Le ministre avait commencé sa journée par une interview avec Jean-Pierre Elkabbach sur Europe 1. Un petit studio avait utilement été installé dans la salle de crise de la préfecture. Il avait confessé aux auditeurs, en toute franchise, que les policiers n'avaient toujours pas, pour le moment, identifié le tueur à scooter. Mais comme il fallait montrer aux Français que l'enquête progressait, il avait volontairement évoqué la piste de l'extrême droite, tout en sachant, depuis la veille, qu'elle n'était plus prioritaire : « Effectivement des enquêtes ont lieu sur des militaires qui ont pu être chassés de l'armée et qui pourraient avoir à l'esprit un désir de revanche », avait-il confié à l'antenne. Le plus important, à ce stade, était surtout de ne pas fragiliser l'investigation. Il avait confirmé, tout de même, que le tueur portait bien au moment des crimes une « petite caméra » qui enregistrait tous ses faits et gestes.

L'émission à peine terminée, le ministre avait commencé une nouvelle journée marathon à Toulouse, toujours avec la volonté d'incarner la présence de l'État et de rassurer une population traumatisée. Outre ses déplacements destinés à contrôler l'application du plan Vigipirate écarlate, il avait décidé, symboliquement, de passer la plus grande partie de sa matinée aux côtés de la communauté éducative toulousaine, en se rendant dans diverses écoles de la ville. La plupart des enseignants avaient, en effet, décidé d'expliquer aux enfants le drame de la veille, avec un tact et un savoir-faire pédagogique qui avaient fortement impressionné Claude Guéant. C'était dans l'un de ces établissements scolaires, l'école Gan-Rachi, qu'il avait participé, sur le coup de 11 heures, à la minute nationale de silence organisée en hommage aux victimes des tueries de Toulouse et de Montauban.

Au moment même où nous arrivions à la préfecture en fin de matinée, le ministre se trouvait aux côtés de Gérard Longuet au collège Ozar-Hatorah, afin d'assister à la cérémonie de levée des corps. « Une cérémonie d'une charge émotionnelle insoutenable », comme devait me l'avouer plus tard Claude Guéant. Les dépouilles des quatre victimes, qui avaient été veillées toute la nuit à la lueur des chandelles, selon la tradition juive, devaient être acheminées vers Paris, avant d'être transférées en Israël. J'avais demandé au ministre de la Défense, comme je m'y étais engagé auprès de Joël Mergui, à pouvoir transporter les cercueils en Transall jusqu'à Roissy. Compte tenu des circonstances particulières dans lesquelles ces malheureuses victimes avaient perdu la vie, l'armée de l'air avait autorisé ce qu'elle refusait d'habitude.

Plus tard dans la soirée, avant qu'un avion de la compagnie El Al, spécialement affrété, ne décolle pour Tel-Aviv, avec à son bord les quatre cercueils, le Président se recueillerait lors d'une ultime cérémonie funèbre au Pavillon de réception de Roissy, devant les corps de ces victimes. Complètement bouleversé, il lui serait alors impossible de cacher sa révolte : « Que vous dire ? Ce grand-père qui a perdu dans la même minute son fils et ses deux petits-fils. Le directeur de l'école qui a vu sa fille de huit ans prendre une balle dans la tête à bout portant. Qui peut accepter cela ? Personne. »

18

Le temps passé à attendre le retour du ministre à la préfecture ne fut pas perdu. Pendant quarante-cinq minutes, nous tînmes une réunion improvisée dans le grand hall de la résidence du préfet, avec Christian Lothion et François Bodin, le directeur interrégional de la PJ. Nous étions arrivés les uns et les autres avec beaucoup de doutes et d'interrogations. Toutefois, après une discussion à bâtons rompus, en recoupant les éléments de l'enquête judiciaire avec les renseignements apportés par les services, la piste Merah devenait de plus en plus sérieuse. Nous n'avions toujours aucune preuve tangible de la participation d'un des deux frères aux assassinats de Toulouse et de Montauban, mais un faisceau d'indices pour le moins troublants. Trois d'entre eux emportèrent finalement notre conviction. C'étaient des éléments totalement objectifs et qui, mis bout à bout, constituaient des coïncidences bien trop extraordinaires pour être fortuites. Premièrement, on avait l'adresse IP de la mère des frères Merah qui les reliait directement au meurtre du dimanche 11 mars. Deuxièmement, Mohamed était bien un motard confirmé. Troisièmement, les deux tueries de Toulouse s'étaient déroulées dans le même secteur, à moins de dix minutes de chez lui.

Quand le ministre finit par nous rejoindre avec Henri-Michel Comet, nous avions les idées claires. En notre nom à tous, Christian Lothion lui fit part de notre réflexion et surtout des conclusions auxquelles nous venions tout juste de parvenir : les frères Merah étaient vraisemblablement impliqués. Mohamed était le plus dangereux des deux. Il fallait poursuivre les investigations mais, compte tenu des risques courus, procéder à leur interpellation rapide. Avec un peu de chance, nous allions mettre la main sur les responsables des tueries de Toulouse et de Montauban, ou certains d'entre eux. Dans le pire des cas, ce scénario avait au moins l'avantage de fermer une porte et de permettre à l'enquête de repartir dans une nouvelle direction.

Le ministre parut convaincu et donna son feu vert. Nous nous retournâmes alors tous vers Amaury de Hauteclocque, le patron du Raid. C'était son unité qui, le moment venu, passerait à l'action. Je connaissais et appréciais Amaury depuis plusieurs années. Je l'avais rencontré en 2008, à l'occasion de la préparation des JO de Pékin. Ses hommes assuraient, à parité avec le GIGN, la sécurité des athlètes et de la délégation française, dont j'étais. Frédéric Péchenard me l'avait présenté, à l'époque, comme étant l'un de ses proches amis. Amaury n'avait pas treize ans, en effet, quand il avait rencontré Frédéric pour la première fois. L'aîné avait ensuite suivi de près la carrière du plus jeune, quand celui-ci avait décidé d'intégrer la police. En 2007, alors qu'il cherchait un digne successeur à Jean-Louis Fiamenghi, mythique patron du Raid, entré dans la légende de la police par la grande porte, le 2 novembre 1979, pour avoir abattu Jacques Mesrine, Frédéric Péchenard avait décidé de lui faire confiance. Ce choix ne devait rien au hasard. En plus d'une expérience de PJ classique, aux « stups » et à la brigade criminelle, Amaury avait également été chef de la section antiterroriste avant de devenir numéro 2 de l'UCLAT, l'Unité de coordination de la lutte antiterroriste en France. Athlétique, charismatique, le petit-neveu du maréchal Leclerc avait, sans aucun doute, la gueule de l'emploi.

Amaury était arrivé avec ses hommes à Toulouse, la veille, en milieu de soirée, aux environs de 22 heures. Depuis qu'il avait pris connaissance, lundi matin, de la fusillade à l'école Ozar-Hatorah, il avait de lui-même placé son unité en préalerte et demandé à l'armée de l'air de mettre à sa disposition un Transall sur la piste de Villacoublay. Amaury savait qu'à un moment ou à un autre il aurait à descendre à Toulouse. Tous les policiers de permanence ce jour-là dans leur base de Bièvre, 35 au total, s'étaient donc mis à préparer leurs paquetages. Ignorant pour combien de temps ils partiraient, Amaury avait prévu d'emmener tout le monde, en renouvelant ses hommes chaque semaine si jamais il ne se passait rien. Vu le contexte sensible de l'affaire et la gravité de la situation, il fallait se tenir prêts à tout. Le Raid avait prévu d'emporter beaucoup de matériels, qu'il s'agisse d'armements ou de moyens lourds d'effraction. Les hommes avaient aussi préparé trois monospaces C8 banalisés, pour assurer des missions de surveillance et de filature, dont un entièrement bardé d'équipements technologiques. Dire que l'unité d'élite d'intervention de la police nationale attendait l'arme au pied était un euphémisme. En réalité, chacun des hommes bouillait de s'envoler pour Toulouse. Dans la matinée, Amaury avait même téléphoné à Lothion, pour l'informer que le Raid se tenait prêt. Mais Christian avait un peu douché ses ardeurs, en lui expliquant qu'aucune cible n'avait été identifiée jusque-là. La confirmation du départ lui fut finalement donnée un peu plus tard, le jour même en fin d'après-midi, par le directeur de cabinet du DGPN, avec un message clair : « Le Président veut que le Raid se prépositionne. »

Amaury était parti tôt ce mardi matin avec son numéro 2, Olivier Richardot, de l'école de police où son unité avait pris ses quartiers. Ils avaient passé la matinée à l'hôtel de police de Toulouse, en compagnie de Lothion et des patrons de la PJ. Jusqu'à cet instant, les deux policiers d'élite ignoraient à peu près tout de l'affaire. Mais en arrivant à la préfecture, Amaury savait exactement ce qu'il comptait nous dire : le Raid était prêt à intervenir à n'importe quel moment, de préférence pendant la nuit si jamais il devait « taper » à domicile. Il comptait en parler, dans l'après-midi, à Olivier Christen, vice-procureur, chef de la section antiterroriste du parquet de Paris, afin qu'il demande une autorisation spéciale en ce sens au juge des libertés et de la détention. Une raison principale poussait Amaury à opter pour une intervention de nuit plutôt que de jour, et aux environs de 3 heures du matin, très précisément. Par expérience, on savait en effet que tous les criminels un tant soit peu aguerris, quand ils passaient à l'action, se montraient toujours d'une vigilance extrême aux heures légales de perquisition, et notamment sur le coup de 6 heures du matin, à l'heure du laitier. Pour le reste, les agents de la DRRI 31 avaient déjà vu Merah faire sa prière de l'aube – la prière d'Al Fajr – aux alentours de 4 heures. Il fallait donc intervenir avant qu'il ne se réveille. 3 heures semblait le moment le plus opportun pour agir.

19

Après avoir déjeuné à la préfecture, Bernard, Christian, Amaury et moi repartîmes à l'hôtel de police, dans le grand bureau du patron du SRPJ de Toulouse, pour de nouvelles réunions de travail. Il fallait désormais présenter l'évolution de l'enquête au parquet antiterroriste et convaincre les magistrats d'agir le plus rapidement possible. Lothion et Squarcini se montrèrent très convaincants dans leurs explications. Non seulement Olivier Christen adhéra rapidement à notre thèse, mais il collabora bientôt activement à l'élaboration de notre stratégie. À l'instar de plusieurs patrons de police présents à cette réunion, Amaury manifesta d'ailleurs un certain étonnement. Bien sûr, l'enquête étant placée sous l'autorité du parquet, il était normal qu'on lui rende des comptes, n'importe quel OPJ savait cela. Mais à ce stade de la procédure, notamment dans les affaires de terrorisme, il était rare que les flics associent les magistrats aussi directement à leur travail. Ce choix avait été fait sciemment par Christian Lothion. Il souhaitait une totale transparence de l'enquête et une participation active du parquet antiterroriste aux réunions de police, y compris les plus opérationnelles d'entre elles. La raison en était simple : le parquet de Paris se montrait depuis le début de l'enquête un partenaire exemplaire, mais surtout, ni Lothion ni Péchenard ne désiraient revivre une nouvelle affaire « Human Bomb ».

Frédéric Péchenard, qui était numéro 2 de l'antigang à cette époque en 1993 et qui avait été appelé avec son unité pour seconder le Raid, avait gardé de cette affaire un souvenir douloureux. Il s'agissait sans aucun doute d'un vrai succès pour la police française, puisque tous les enfants et les quelques adultes retenus en otage dans cette école maternelle de Neuilly, par Éric Schmitt, *alias* H. B., avaient été libérés sains et saufs. Force était restée à la loi, comme l'avait déclaré le ministre de l'Intérieur d'alors, Charles Pasqua. Mais quelques semaines plus tard, la famille du preneur d'otages avait porté plainte, estimant qu'il avait été exécuté par la police. Le Syndicat de la magistrature lui avait emboîté le pas, révélant que le procureur de Nanterre, Pierre Lyon-Caen, parti se reposer après une longue nuit de négociations, n'avait été tenu informé ni de l'assaut – qu'il avait appris dans sa voiture en revenant à l'école – ni du mode opératoire suivi. La justice, saisie, avait heureusement blanchi le Raid, mais l'affaire avait laissé des traces. Il fallait à tout prix éviter qu'une telle situation ne se reproduise.

Nous étions en pleine réunion avec le parquet, aux alentours de 16 heures, lorsque la nouvelle tomba : un employé de l'atelier de la concession Yamaha de Toulouse venait de confirmer aux enquêteurs qu'un des frères Merah, sans qu'il se souvienne exactement lequel, était passé à la boutique, quelques jours auparavant, pour poser des questions étranges. Prétendant se renseigner pour le compte d'un ami qui avait fait repeindre son deux-roues, il voulait avoir des explications sur le positionnement et le fonctionnement du système « traqueur » équipant les T-Max 530 ! Les enquêteurs auraient pu avoir l'information plus tôt, mais ils avaient été gênés par la présence continue, dans le magasin, de journalistes menant leurs propres investigations.

Nous accueillîmes cette nouvelle avec un grand soupir de soulagement. On ne s'était donc pas trompés en visant les frères Merah. Ils étaient une bonne cible. Peut-être pas la seule dans cette affaire, mais leur arrestation devenait désormais indispensable à la poursuite de l'enquête. Il fut ainsi décidé que nous allions interpeller les deux frères Merah dans la nuit, à leur domicile. D'abord Mohamed, parce qu'il était le plus dangereux, puis Abdelkader.

Cette stratégie ne s'imposa en réalité qu'après une longue discussion. On pouvait en effet imaginer deux scénarios possibles, avec leurs avantages et leurs inconvénients. La première option était de « taper » Merah dehors, par surprise. Amaury n'avait pas caché qu'une telle solution pouvait être, dans le cas présent, opportune, compte tenu de la dangerosité supposée de l'intéressé, en particulier s'il détenait des explosifs. Pour une telle entreprise, le Raid n'était pas forcément le meilleur prestataire de service. La PJ comptait dans ses rangs des unités qui excellaient dans ce type d'intervention sur la voie publique : les Brigades de recherche et d'intervention (BRI). Les policiers du Raid, comme les gendarmes du GIGN, d'ailleurs, étaient quant à eux surtout spécialisés dans les interventions en lieu clos, pour mettre fin à des prises d'otages, par exemple, ou déloger des forcenés. La solution était tentante. Mais rapportée à l'enjeu, elle comportait trop de risques et d'incertitudes. D'abord, si on laissait Merah sortir de chez lui, l'éventualité qu'on le perde n'était pas nulle. « Imaginez un peu qu'il nous échappe et qu'il tue quelqu'un », m'avait dit Claude Guéant, au téléphone, lorsque je l'avais appelé pour prendre ses instructions. Il avait raison : une filature comportait toujours une part de risque. Sans compter celui que l'on prendrait en décidant d'interpeller en pleine rue un individu probablement armé et dangereux.

Toutes ces raisons nous avaient finalement conduits à préférer la seconde option : aller « taper » Merah chez lui. Nous savions désormais avec certitude qu'il était bien à son domicile. C'était lui, en effet, qui avait commandé, la veille au soir, la fameuse pizza. Lui encore qui avait rapidement passé la tête par la fenêtre, le matin même, pour observer l'hélicoptère de la gendarmerie qui survolait le quartier de La Roseraie, dans l'attente de la levée des corps à l'école Ozar-Hatorah. Dès lors que la décision d'aller chercher Merah à son domicile avait été prise, rien ne servait d'attendre. Il fallait frapper vite. D'autant plus que, lors de la discussion, les agents de la DRRI 31 avaient laissé entendre qu'il leur serait difficile de procéder eux-mêmes à son interpellation si jamais Merah sortait de chez lui. Même si Christian avait décidé d'envoyer en renfort des hommes de la BRI, pour parer à toute éventualité, mieux valait ne pas laisser s'éterniser la situation.

La réunion se termina vers 17 heures, juste à temps pour l'arrivée du ministre à l'hôtel de police. Après une rapide visite des locaux mis à la disposition des enquêteurs de la PJ, nous lui fîmes un débriefing de nos discussions. Il confirma publiquement ce qu'il m'avait déjà dit au téléphone peu de temps auparavant : sauf changement de dernière minute, il donnait son feu vert à une opération cette nuit même. Le Président, qu'il avait tenu informé, partageait également cet avis. La visite de Claude Guéant prenait fin, lorsqu'on lui proposa de visionner la vidéo des caméras de surveillance de l'école Ozar-Hatorah. Il hésita un instant, puis se rassit. J'avais vu, moi-même, au siège de la DRRI, le matin, les images filmées à Montauban. On devinait les meurtres grâce à la caméra intérieure de surveillance d'un commerce situé à proximité immédiate du distributeur de billets, plus qu'on ne les voyait. En revanche, je n'avais pas encore vu celles de Toulouse. Bien qu'en noir et blanc, et sans le son, les images étaient d'une rare violence. La scène ne durait que quelques minutes à peine. On y voyait un homme casqué courir après de jeunes enfants effrayés dans une cour d'école, et les abattre à bout touchant. À la fin du visionnage, nous étions tous en proie à une profonde tristesse et à un sentiment d'écœurement. J'étais pour ma part révolté. En regardant Guéant, je compris que la scène l'avait bouleversé. « Je n'aurais pas dû regarder ces images », nous confia-t-il pudiquement en sortant du commissariat.

20

Je m'étais allongé sur le coup de minuit, les bras en croix, sans avoir pris la peine de défaire mon lit. De toute façon, il m'était impossible de dormir. Nous avions tenté, un peu plus tôt dans la soirée, de nous détendre avec Christian Lothion et François Bodin, en allant en ville, place Wilson, manger un cassoulet. Nathalie Gonzalez-Prado et Vincent de Bernardi nous avaient accompagnés. Nous avions passé un bon moment ensemble, avant de repartir au commissariat, vers 21 h 30, pour un dernier briefing. Rien n'avait changé depuis la fin d'après-midi. On avait même eu confirmation, entre-temps, par le groupe de BRI « en chouffe » devant sa maison à Auterive, de la présence d'Abdelkader chez lui. Quant à Mohamed, les volets de son appartement étaient toujours fermés, mais personne ne l'avait vu sortir. Tout se présentait donc pour le mieux. Le scénario était millimétré. Le Raid devait « taper » aux alentours de 3 heures le benjamin, le remettre aux mains de la PJ, puis foncer sur Auterive pour serrer l'aîné des Merah. Une demi-heure était prévue pour mener à bien les deux opérations. Il fallait surtout éviter que le premier n'ait le temps de prévenir le second.

J'avais beau me dire que toutes les chances étaient de notre côté, je n'arrivais pourtant pas à m'apaiser. J'étais tendu, plein de doutes et d'interrogations. Merah était-il vraiment le tueur au scooter que nous recherchions ? Avions-nous eu raison de laisser de côté les autres pistes possibles afin de nous concentrer sur ce seul et unique objectif ? Et si Merah n'était qu'un complice, et que le véritable assassin courait toujours ? Tous ces efforts, cette énergie déployés pour rien... Nous avions tout misé sur lui et sur son frère. Personne ne pourrait nous le pardonner, surtout dans l'hypothèse d'un nouveau meurtre.

Incapable de demeurer dans ma chambre plus longtemps, je décidai d'attendre Christian Lothion devant l'hôtel. En passant dans le hall, je croisai un petit groupe de journalistes qui rentraient se coucher en bavardant tranquillement. La journée avait été longue pour eux aussi. Je les dévisageai avec suspicion. Leur insouciance manifeste me rassura. À l'évidence, ils ignoraient que nous allions, cette nuit même, frapper un grand coup. Dans une heure, Mohamed Merah et son frère seraient interpellés et l'affaire de Toulouse bientôt close.

J'étais absorbé dans mes pensées quand Christian s'avança vers moi. Il me parut pressé. En montant dans la voiture, il me dit que l'horaire de l'interpellation avait été légèrement avancé et qu'il fallait faire vite. Éric Voulleminot, le sous-directeur en charge de l'antiterrorisme de la police judiciaire, était au volant. C'était un homme discret, grand et sec, d'une cinquantaine d'années. Ses cheveux blancs lui donnaient un air austère. On m'avait vanté son grand professionnalisme, son sérieux et son sang-froid à toute épreuve. Chef de la division criminelle régionale Rhône-Alpes en 1995, il avait eu à gérer l'attentat de Villeurbanne. Une voiture piégée avait explosé un peu trop tôt devant l'entrée d'une école juive, sans tuer personne. Un miracle. Dix minutes plus tard, c'était la sortie des classes et le carnage assuré.

La ville de Toulouse est connue pour ses embouteillages monstres. Mais à 2 h 45 du matin, il ne fallait qu'un petit quart d'heure pour se rendre à la Côte Pavée. Christian m'expliqua qu'aucun rendez-vous n'avait été fixé devant l'hôtel de police, pour éviter d'alerter la presse. Dans ce genre de situation, les journalistes, sur le qui-vive, surveillent de près les allées et venues autour des commissariats. Un départ de plusieurs véhicules, surtout banalisés, en pleine nuit ne serait évidemment pas passé inaperçu. Mieux valait être prudent.

Nos efforts pour tromper la vigilance des nombreux journalistes présents n'avaient qu'en partie réussi : l'une d'entre eux avait osé appeler Christian moins d'une heure auparavant. Elle savait « de source sûre » qu'une opération était prévue cette nuit, mais elle ne semblait connaître ni la cible ni le lieu, fort heureusement. Elle attendait une confirmation de sa part.

— Non, mais tu te rends compte, me dit-il en se retournant vers moi, il y en a qui ne peuvent vraiment pas se la fermer !

J'étais sidéré. La fuite venait forcément de quelqu'un présent à la réunion d'hier soir. Qui pouvait avoir eu la bêtise, l'inconscience de dévoiler une partie de notre plan d'action, au risque de le compromettre gravement ?

J'imaginais déjà les caméras s'installant sous les fenêtres de Merah, aux premières loges, pour être sûres de ne rien rater du spectacle.

En arrivant dans le quartier de la Côte Pavée, je me sentis irrésistiblement envahir par le trac : respiration rapide, sueurs, palpitation, estomac noué... j'en avais tous les symptômes. Ce sentiment m'était d'autant plus insupportable que je n'étais qu'un spectateur impuissant. Désormais, ni moi ni personne ne pouvions plus inverser le cours du destin. Le sort en était jeté.

21

À cet instant précis, Amaury de Hauteclocque s'approchait avec ses hommes de la porte d'entrée de l'immeuble du 17, rue du Sergent-Vigné. Rentré tard de notre dernière réunion à l'hôtel de police, il n'avait eu que deux petites heures pour souffler. Bien sûr, il n'était pas parvenu à faire le vide. Fermant les yeux, tous les scénarios, même les plus improbables, se bousculaient dans son esprit. Tout prévoir. Tout envisager, y compris le pire, pour ne pas se laisser surprendre. Chaque seconde de ce temps précieux devait être entièrement consacrée à la préparation de cette interpellation si particulière.

Le briefing avec le groupe d'intervention avait eu lieu un peu plus tôt dans une journée que le chef du Raid et son adjoint avaient trouvée interminable, passant d'une réunion à une autre. En entrant dans la salle de l'école nationale de police où se trouvaient assemblés quelque 30 policiers d'élite qui les attendaient, Amaury avait d'abord demandé à chacun de ses hommes de couper son téléphone. L'instruction était claire : ils étaient maintenant en phase opérationnelle. Il leur fallait s'isoler totalement du monde extérieur, pour se concentrer, mais aussi pour éviter les risques d'indiscrétions. Pas d'appel à la famille donc, pas de paroles laissant suggérer l'imminence d'une opération. Le groupe se refermait sur lui-même. Désormais, chacun ne devait plus compter que sur son professionnalisme et la vigilance de son voisin.

Amaury avait décidé de ne s'en tenir qu'aux faits, sans s'attarder inutilement sur le contexte de l'intervention. Il leur avait rapidement résumé l'enquête, les indices qui rendaient probable l'implication des frères Merah, et notamment du plus jeune d'entre eux, mais aussi les parts de doutes qui demeuraient encore. On allait se saisir, successivement de Mohamed, sur le coup de 3 heures du matin, puis, après avoir passé le relais à la PJ, de son aîné Abdelkader, trente minutes plus tard.

Amaury et son adjoint, Olivier, avaient évoqué les images dures, insoutenables même, de la tuerie de l'école Ozar-Hatorah qu'ils avaient visionnées. Sans en rajouter : il fallait absolument éviter de déconcentrer les hommes, à quelques heures de l'action. Toutes les paroles prononcées devaient être strictement utiles, exploitables, afin de les aider à se préparer au mieux.

L'exposé du chef du Raid n'avait que deux objectifs : renseigner ses hommes, mais aussi les rassurer. Chasser de leur esprit les mauvais souvenirs, comme celui d'Évreux, par exemple. Moins de deux ans auparavant, à l'automne 2010, un forcené lourdement armé avait ouvert le feu lors de l'assaut, en blessant grièvement l'un d'entre eux. Et puis, surtout, il y avait le fantôme de Leganes. Personne n'osait en parler, mais l'affaire était dans toutes les têtes. C'était la raison pour laquelle

Amaury n'avait pas souhaité s'appesantir sur le profil particulier des deux frères. Ils étaient potentiellement dangereux, c'était un fait. Des islamistes fondamentalistes, selon toute vraisemblance. Mais cela ne changeait rien. Le Raid avait l'habitude de ce genre d'interpellation à domicile.

— Et que fait-on si on les entend chanter ?

La question avait surgi du fond de la salle. Elle était tout sauf anodine. L'allusion à la tragédie espagnole était cette fois très claire. Compte tenu des liens étroits qui unissaient les services de police de part et d'autre des Pyrénées, chacun des hommes connaissait ici parfaitement les détails de l'opération menée par les membres du *Grupo especial de operaciones*, le Raid espagnol, ce 3 avril 2004. Moins d'un mois après les attentats meurtriers de la gare d'Atocha, qui avaient fait 191 morts, la police espagnole avait identifié et localisé les poseurs de bombe, dans leur appartement d'une cité-dortoir de la banlieue sud de Madrid, à Leganes. C'étaient de petits délinquants marocains, connus pour vendre du haschich au coin des rues, qui avaient été recrutés comme djihadistes en fréquentant les mosquées du quartier. Un scénario malheureusement banal depuis quelques années. Encerclés par les unités spéciales, quatre d'entre eux s'étaient mis à psalmodier leurs prières avant de mourir en martyres : « Gloire à Celui qui a dans ses mains tout le royaume. Vous reviendrez vers Lui… » L'explosion avait été d'une violence inouïe, éventrant tout l'immeuble. Un policier de quarante et un ans, père de deux jeunes enfants, avait trouvé la mort, et on avait déploré de nombreux blessés.

Amaury avait préféré éviter le sujet fortement anxiogène de l'islam radical. Il s'était contenté de rappeler les consignes de sécurité classiques et avait commencé à constituer les équipes. Comme toujours dans ce type d'interpellation domiciliaire, appelée « opération 6 heures du matin » dans le jargon, en référence aux heures légales habituelles réservées aux perquisitions, on avait une équipe d'effracteurs, composée de deux hommes légèrement équipés, suivie d'une colonne de soutien de huit personnes, plus lourdement armées : le « groupe alpha ». En protection, on positionnerait à l'extérieur quatre snipers dotés de fusils d'assaut G36, calibre 5.56, des armes idéales pour les engagements à courte distance. Une unité médicale serait évidemment mobilisée, au cas où.

Les détails techniques indispensables à la bonne réussite de l'opération, comme l'exiguïté des lieux ou l'inexistence de blindage sur la porte d'appartement de Mohamed Merah, avaient été donnés par Hassan, l'agent de renseignement en charge du dossier à la DRRI. Il s'était déjà rendu sur place à différentes reprises par le passé, et sa mémoire était assez bonne. Dans la paranoïa ambiante, en effet, personne n'avait voulu courir le risque de contacter le bailleur, pas plus que le gardien, d'ailleurs. Désormais, tout était fin prêt pour l'action.

22

Le groupe se mit en mouvement et arriva sur place aux environs de 2 h 45. Au point de rendez-vous, fixé juste avant le croisement de la rue du Sergent-Vigné et du chemin du Coin-de-la-Moure, le convoi avait retrouvé Hassan ainsi que les autres agents de la DCRI qui planquaient devant la cible. Les informations semblaient rassurantes : rien de particulier n'avait été signalé durant les dernières heures. Le quartier était calme et endormi.

Pendant que les snipers et leurs chouffes, ces anges gardiens qui assistent les tireurs d'élite, prenaient position sans tarder derrière les voitures garées en face de l'appartement de Merah, les autres hommes s'équipaient derrière le camion, enfilant leurs gilets pare-balles et leurs casques à visière. Pour ne rien changer à ses habitudes, Amaury négligea une fois encore cette protection encombrante. Il le regretterait bientôt. Dans le silence de la nuit, on entendait juste le glissement sourd des fermetures Éclair et le cliquettement des boutons-pressions. Un regard suffit, et chacun se mit en mouvement.

Les deux voltigeurs de l'effraction marchaient en tête, suivis de près par les huit hommes de la colonne. Ils avançaient lentement, en file indienne, longeant le trottoir de la rue du Sergent-Vigné, côté impair. On aurait dit une meute de loups noirs partant chasser. Arrivés au niveau du numéro 17, les tireurs d'élite placés de l'autre côté de la rue leur confirmèrent l'absence de mouvements suspects. Ils s'approchèrent de l'immeuble. Le premier obstacle à franchir était la porte d'entrée donnant sur le hall. Ils n'avaient pas de code, mais une carte magnétique, donnée par la DCRI. Tous retinrent leur souffle. Un léger déclic se fit entendre, et le petit groupe s'engouffra aussitôt dans l'immeuble. Ils gravirent quelques marches dans l'obscurité et se retrouvèrent sur le palier. Un appartement se présentait immédiatement sur leur droite, puis le couloir se prolongeait un peu, avant de faire un coude sur la gauche. Mohamed Merah habitait juste après, la première porte à gauche. Avec un geste parfaitement maîtrisé, répété des milliers de fois, les effracteurs posèrent délicatement contre la porte la première jambe de leur *door raider*, ce système d'ouverture hydraulique très perfectionné, puis déplièrent la seconde, de tout son long. Il ne restait maintenant plus qu'à appuyer sur la petite poire en caoutchouc pour provoquer la poussé du vérin hydraulique. Une poignée de secondes suffisaient.

Notre véhicule arriva à destination, dans une petite rue étroite, à la perpendiculaire de la rue du Sergent-Vigné, à l'instant même où le Raid s'apprêtait à pénétrer chez Merah. Pour ne pas gêner la circulation des véhicules de la PJ, censés arriver dans la foulée de l'interpellation, nous avions décidé de stationner à 500 mètres de là, un peu plus loin. Éric Voulleminot tourna la clef de contact. Nous étions à l'arrêt maintenant. Immobiles. Aucun bruit ne se faisait plus entendre autour de nous. C'est alors que tout bascula.

Au moment où la porte de Merah s'entrouvrit, cinq ou six coups de feu claquèrent. Deux balles vinrent percuter de plein fouet la poitrine du premier homme qui faisait face, venant heureusement se loger dans son gilet pare-balles. Il eut à peine le temps de se mettre sur le côté que Merah passait son bras dans le couloir et se mettait à tirer à l'aveugle, « à la palestinienne », vidant le chargeur de son colt 45. Les hommes du Raid ripostèrent immédiatement par un tir de barrage, de façon à l'empêcher d'avancer tout en permettant à leur collègue de se mettre à l'abri.

La colonne se mit à reculer progressivement pour rompre l'engagement, sous un feu nourri. Il fallait à tout prix éviter de prolonger le face-à-face : Merah devait être interpellé vivant. C'est alors que le sixième de colonne, placé juste devant Amaury, s'affaissa brutalement, atteint d'une balle au genou. Un autre était bientôt touché au bas du dos. Les policiers avaient beau s'être replacés à l'angle du couloir, hors de l'axe du tireur, les balles volaient en tous sens, ricochant sur la paroi qui leur faisait face. Ils durent rapidement se placer derrière le « Ramsès », cet imposant bouclier lourd mobile en forme de sarcophage égyptien, monté sur roulettes. À ce moment précis, il fallait bien l'admettre : l'opération tournait mal.

23

Merah comprit bientôt que la police allait le laisser tranquille un moment. Il referma sa porte d'un geste brusque. Rassuré par le retrait du Raid, ses tirs se firent progressivement plus espacés. Ils cessèrent totalement aux alentours de 6 heures du matin.

— Vous savez très bien qui je suis ! Je n'ai pas peur de vous ! Venez, je vous attends ! Je suis très fier de ce que j'ai fait !

C'était une maigre consolation pour Amaury : l'homme qui hurlait ainsi de l'autre côté de la porte était bien l'ennemi public numéro 1 que toute la France recherchait. Il faudrait s'en contenter pour le moment. Après une série de menaces et d'invectives, Mohamed Merah se mit enfin à parler plus posément. Sa confession allait durer près de trente heures. Il est vrai qu'il avait beaucoup de choses à dire, des choses incroyables même. Merah commença, en effet, par expliquer que le Raid ne l'avait pas surpris en plein sommeil, à 3 heures du matin, parce qu'il était revenu à son domicile à peine une heure auparavant. Il se trouvait assoupi sur son canapé, en train de regarder la télévision, quand un bruit sourd avait attiré son attention. Comme la lumière du hall n'était pas allumée, il avait aussitôt compris et ouvert le feu à travers la porte.

Amaury et ses hommes n'en revenaient pas. Si Merah disait vrai, les agents en planque devant son immeuble avaient complètement échoué dans leur mission. Non seulement leur client était sorti de chez lui, mais il y était revenu, sans que personne s'en aperçoive ! Amaury était d'autant plus en colère qu'il se souvenait des réactions d'opposition très vives des gars de la DRRI lorsque, avec Christian Lothion, il avait proposé, la veille, de renforcer le dispositif de surveillance autour de l'appartement. Résultat : en ce mercredi 21 mars à 3 heures du matin, le Raid intervenait au mauvais moment, alors que Merah préparait ses affaires, dans l'intention de se faire définitivement la malle. On avait évité une véritable catastrophe. Les policiers auraient pu trouver l'appartement vide, avec un tueur dans la nature, ou, pire encore, être surpris par lui au moment où ils s'y attendaient le moins.

Ces déclarations stupéfiantes firent aussitôt l'objet de vérifications. Merah prétendait avoir passé, depuis l'extérieur, un appel à France 24, afin de revendiquer ses attentats. Il disait vrai apparemment. La chaîne confirma bien avoir reçu, au début de la nuit, un message de la part d'un homme soutenant avoir commis ces meurtres pour dénoncer l'intervention française en Afghanistan et venger la mort d'enfants palestiniens. Mais rien ne prouvait que Merah était réellement l'auteur de cet appel, surtout qu'il semblait avoir été passé à partir d'une ligne espagnole. Il fallut attendre, en fait, l'identification de la cabine téléphonique qu'il avait utilisée, quartier de la Gloire, à l'est de la ville, pour s'apercevoir dans l'après-midi que Merah n'avait pas menti. C'était bien de là que l'appel à France 24 avait été passé, comme, du reste, à BFM TV, i>Télé et Al Jazeera. Mais seule la chaîne d'information internationale française avait répondu au cœur de la nuit. Quant au mystère de la ligne espagnole, il s'éclaircit enfin : le routage des appels depuis la cabine avait transité *via* un centre d'appels en Espagne !

Pendant que le Raid encerclait Merah chez lui, dehors, c'était la consternation. Les visages des flics que nous croisions aux abords de l'appartement avec Christian étaient blêmes. Nous avions entendu les premières détonations claquer depuis notre voiture. Immédiatement après, le portable d'Éric Voulleminot avait sonné. Il s'était aussitôt tourné vers nous en lançant à haute voix : « Deux hommes au sol ! » Nous étions sonnés, totalement incrédules. Qu'était-il arrivé ? Dans quel état étaient nos blessés ?

Dans les petites rues étroites de ce quartier de la Côte Pavée, c'était la cohue. Tout le monde s'agitait pour que les voitures de police stationnées un peu n'importe comment laissent la place aux véhicules de secours. Quelques lumières s'allumaient dans les pavillons et les immeubles alentour. Rien n'allait plus.

Je pris mon téléphone, ému, et expliquerai au ministre la gravité de la situation avec les bribes d'information qui nous parvenaient à l'extérieur : « Monsieur le ministre, l'interpellation se passe mal. Nous avons deux hommes du Raid blessés par balles. Je ne sais pas si c'est grave. On parle d'une rafale de kalachnikov tirée à travers la porte. »

La voix de Claude Guéant était calme, comme à son habitude. Seuls les longs silences qui ponctuaient notre brève conversation témoignaient de la gravité de la situation. Bien qu'ayant travaillé à ses côtés pendant de longues années, je n'ai jamais perçu chez lui le moindre signe de faiblesse ou d'angoisse dans les moments de crise. Sa capacité à maîtriser ses sentiments dans n'importe quelle situation m'a toujours impressionné. Il est vrai que Claude Guéant a tout vu et tout connu depuis le début des années 90, en tant que patron de la police d'abord, puis directeur du cabinet de Nicolas Sarkozy à l'Intérieur : la prise d'otages de l'avion d'Air France à Marignane et l'assaut du GIGN, la vague d'attentats qui a ensanglanté la France en 1995, l'arrestation du « gang de Roubaix », les émeutes urbaines en 2005… La liste des crises majeures qu'il a traversées et souvent personnellement gérées est impressionnante.

Guéant me posa quelques questions précises auxquelles je n'avais que peu de réponses à apporter. En raccrochant, il me dit qu'il hésitait à prévenir immédiatement le Président alors qu'il n'avait aucune nouvelle des blessés. Une interpellation ratée était un incident regrettable. Avec un policier entre la vie et la mort, l'affaire tournerait à la catastrophe, et il en était parfaitement conscient. Finalement, cette nuit-là, le Président reçut plusieurs appels de son ministre de l'Intérieur, et eut le soulagement d'apprendre que les blessures des deux hommes du Raid n'étaient pas graves. L'un d'eux avait même insisté pour rejoindre ses camarades après des soins rudimentaires !

24

Un peu plus d'une heure après le début de l'opération, Amaury nous rejoignit pour faire un premier bilan de la situation. Elle n'était guère brillante. Merah s'était barricadé chez lui et avait transformé son petit appartement en Fort Chabrol, renversant table, lit et armoire. Il n'hésitait pas à ouvrir le feu chaque fois qu'il se sentait menacé, tirant à intervalles réguliers à travers la porte et les volets métalliques, pour nous dissuader de lancer une nouvelle attaque.

Il faisait froid et terriblement humide à l'extérieur. Nous nous étions réfugiés dans une camionnette de la sécurité civile à quelques dizaines de mètres de là, à l'angle de la rue du Sergent-Vigné et du chemin du Coin-de-la-Moure. Ce véhicule servirait de salle de réunion jusqu'à ce que l'on installe le PC autorités à quelques centaines de mètres de là, à la caserne Pérignon. Je me retrouvais aux côtés de Christian Lothion et du chef du parquet antiterroriste, Olivier Christen, accompagné de son adjointe. Claude Guéant était arrivé sur place peu de temps auparavant, avec le préfet de région et les deux seuls autres membres de son cabinet présents à Toulouse : Nathalie Gonzalez-

Prado et Vincent de Bernardi. Comme un fait exprès, c'était le moment précis où la mère de Merah, qui semblait totalement déboussolée, quittait les lieux. Nous l'avions juste entendue dire aux policiers de la PJ qui l'entouraient : « Je ne peux rien faire pour vous, il ne m'écoutera pas. »

Amaury nous exposa brièvement les principales lignes de sa stratégie. On passait d'un contexte d'interpellation à domicile à une situation de maîtrise d'un forcené. Le Raid avait donc décidé d'investir l'église réformée, sur le trottoir d'en face, pour y positionner durablement ses tireurs d'élite et surtout d'installer son PC de crise dans un appartement voisin de celui de Merah, au rez-de-chaussée. Une mère et sa jeune fille y vivaient. En dépit d'une peur bien compréhensible, elles avaient fait bon accueil aux hommes du Raid avant de s'enfermer dans la pièce du fond. C'est dans ce petit appartement qu'une trentaine de policiers allaient se relayer jusqu'au lendemain, discuter tactique, préparer l'assaut, manger et souffler un peu.

Au petit matin, un peu avant 6 heures, un événement incroyable se produisit. Le calme régnait dans le couloir, quand la porte qui faisait face à celle de Merah, légèrement sur la gauche, s'ouvrit tout à coup. Une vieille dame apparut. Elle fit quelques pas et, sans que l'on sache pourquoi, s'arrêta juste devant la porte de Merah. Elle regardait devant elle et en direction des hommes du Raid, l'air hagard. Passé la stupéfaction, Amaury, qui était positionné derrière le « Ramsès », la pressa de le rejoindre : « Madame, s'il vous plaît, venez vite ici ! » Ces secondes d'hésitation parurent de longues heures aux hommes du Raid. Amaury, qui se trouvait le plus près de cette pauvre femme, empoigna brusquement son bras et la tira énergiquement vers lui en la propulsant à travers les airs. Elle ne poussa aucun cri et ne prononça aucune parole aux policiers avant d'être confiée au corps médical.

Cet événement avait suscité une grande émotion parmi les hommes. On avait frôlé la catastrophe. Aujourd'hui encore, aucun d'entre eux ne peut expliquer l'absence de réaction de Merah. Inattention de sa part ? Manque de réactivité ou geste de compassion ? Nous ne le saurons jamais. En tout état de cause, au moment où les hommes reprenaient leur position, une partie d'entre eux décida de profiter du désordre ambiant pour se placer dans les escaliers, en contrebas du palier. En passant la main entre les barreaux de la rampe, on pouvait attraper la poire du *door raider*, restée fixée à la porte de Merah depuis le début. L'occasion était trop belle. Ouvrir la porte permettrait au Raid d'avoir pour la première fois un visuel direct sur l'intérieur de l'appartement. Amaury vit son major se redresser légèrement et allonger le bras pour se saisir de la poire. Deux coups de feu claquèrent aussitôt. La première balle atteignit le casque du policier, la seconde lui traversa l'épaule en lui arrachant un cri de douleur.

— J'en ai tué un ! cria Merah.

Fort heureusement, le major n'était pas grièvement blessé et put rassurer ses collègues. Se posait toutefois la question de son évacuation. C'est alors que l'on découvrit que l'escalier qui descendait à la cave donnait aussi sur la cour arrière de l'immeuble. Le blessé allait rapidement pouvoir être pris en charge par l'unité de soins et transporté à l'hôpital. Mais, cette fois, les choses étaient claires pour les hommes. Sans même attendre les conclusions de l'enquête lancée au début de la nuit, l'escapade nocturne de Merah devenait tout à fait crédible. On apprendrait plus tard que la Renault Mégane de location stationnée dans la cour, inconnue des services de surveillance, avait servi quelques heures plus tôt à Merah pour se rendre, sans éveiller les soupçons, dans une cabine téléphonique et passer son appel de revendication.

L'obstination de Merah ne faisait plus aucun doute maintenant. Sachant que la situation risquait de se prolonger un certain temps, la décision d'évacuer tous les habitants de l'immeuble fut prise. Décidée à l'aube, cette opération ne put être réalisée qu'en fin de matinée. Ne pouvant utiliser la sortie habituelle, parce qu'il fallait passer devant la porte de Merah, l'évacuation de tous les voisins se fit finalement depuis une fenêtre du premier étage, à l'aide d'une échelle de pompier.

25

Jusqu'aux environs de 8 heures du matin, la situation demeura tendue. Les contacts de Merah avec les policiers du Raid se limitaient essentiellement à une succession d'invectives criées à travers la porte, entrecoupées de tirs d'intimidation, en direction du balcon et du couloir de l'immeuble. Les choses commencèrent à évoluer peu avant 9 heures, lorsque Merah se décida enfin à négocier avec le Raid. Amaury s'était montré prévoyant. En quittant l'école de police, aux premières heures du jour, il avait emmené avec lui le chef du « groupe négo ». Il avait embarqué mardi, en fin de journée, à Villacoublay, avec le reste de l'équipe. On n'emmenait, en principe, jamais de négociateurs sur une opération de type « 6 heures du matin », mais le patron du Raid avait préféré parer, ce jour-là, à toute éventualité. L'évolution de la situation allait lui donner raison. Parti pour ne durer que quinze minutes, l'intervention du Raid au 17, rue du Sergent-Vigné se poursuivrait pendant plus de trente heures !

La négociation est un art qui ne s'improvise pas, surtout au Raid. Voilà pourquoi Amaury avait décidé, dès son arrivée dans la maison, cinq ans plus tôt, de professionnaliser la cellule spéciale qui lui était exclusivement dédiée. Celle-ci se composait de sept personnes, six policiers et un psychologue sous contrat. À la différence de ses collègues, ce dernier ne prenait jamais directement part aux dialogues avec les forcenés. Il se tenait en retrait et intervenait exclusivement pour conseiller ceux qui menaient la discussion, en leur apportant le recul et les éclairages nécessaires. À l'abri des pressions et des manipulations, il avait la charge d'établir, de la façon la plus objective possible, le profil psychologique de celui qui se tenait de l'autre côté de la porte, et d'évaluer son état mental.

Afin de recruter les meilleurs négociateurs possibles, les recrues étaient sélectionnées selon des critères totalement différents du reste de l'unité. Pour eux, pas d'épreuves physiques surhumaines ni de tests de résistance hors normes. On ne leur demandait pas d'être des tireurs d'élite ou des spécialistes du close-combat, mais plutôt d'avoir le profil « intello », du bagou à revendre, et une aptitude à gérer le stress. Une fois entrés au Raid, ces hommes continuaient leur formation pendant un an, en suivant les cours d'un Master 2 de criminologie à la Sorbonne.

Le chef des négociateurs entra donc en scène au début de la matinée, au moment où Merah acceptait d'échanger l'une de ses armes contre un talkie Motorola. Amaury alla récupérer un colt 45 chromé approvisionné, au pied du balcon, sous la protection de ses snipers. C'était la règle de base à laquelle Mohamed Merah allait devoir se plier tout au long de la journée : lors d'une négociation, tout avait un prix. Les policiers du Raid ne donnaient jamais rien sans contrepartie.

L'autre règle de base, lors d'une négociation, était de susciter un sentiment de frustration permanent chez le forcené, afin d'établir un rapport de force qui lui soit défavorable. Le moindre détail comptait dans ce genre de situation. Si l'homme voulait des cigarettes, par exemple, on acceptait de lui en distribuer, bien sûr, mais au compte-gouttes, l'une après l'autre. Il fallait aussi qu'il comprenne que le sort de chacune de ses demandes ne dépendait pas du policier qu'il avait au bout du talkie, et qui devenait au fil du temps son unique allié, mais de son chef, un homme intraitable qu'il ne connaissait pas et à qui il ne parlerait jamais.

Ce système de coupe-feu entre « celui qui négocie » et « celui qui décide » avait été introduit en 1995, après dix longues années d'expérience. On s'était aperçu que le patron du Raid, auparavant chargé de la négociation, avait en réalité bien d'autres choses à faire pendant une prise d'otages ou un siège. Il devait avant tout garder de la distance vis-à-vis des événements, et surtout ne jamais se sentir lié par le respect de la parole donnée. Le négociateur, devenu confident par la force des choses, avait en effet souvent tendance à l'oublier avec le temps : une négociation n'était pas une profession de foi ni une conversation entre hommes d'honneur. C'était une partie de poker menteur où toutes les ruses étaient permises.

26

De façon assez inhabituelle, l'homme qui se retrouvait, ce mardi matin, à jouer les négociateurs au bout du fil n'était pas l'un des spécialistes du Raid, mais un brigadier de la DRRI de Toulouse : Hassan. Dès le début de la discussion, Merah avait souhaité lui parler. Amaury avait donné son feu vert pour apaiser la situation, encore très tendue. Le fait qu'Hassan connaisse déjà Mohamed Merah et soit, comme lui, musulman pouvait faciliter les choses. Par ailleurs, le Raid n'avait pas affaire, cette fois, à une négociation classique, où l'essentiel du travail consisterait à obtenir qu'il reconnaisse les faits puis de l'amener, en douceur, à se rendre. Merah s'était de lui-même montré très bavard. Dès le départ, entre deux coups de feu à travers la porte, il avait revendiqué les meurtres de Toulouse et de Montauban, faisant valoir son appartenance à Al-Qaïda. Il manifestait une réelle envie de parler et de se confier à quelqu'un. Ce n'était pas inhabituel dans les affaires de terrorisme, mais il était rare tout de même que l'auteur passe aux aveux si rapidement.

Il y avait le précédent des attentats de 1995, avec Smaïn Aït Ali Belkacem, le poseur de bombe du RER B à Saint-Michel. Arrêté en pleine nuit, à son domicile, la police avait trouvé chez lui la panoplie complète du petit artificier : bonbonne de gaz sciée, cartouches, écrous et réveils trafiqués. En dépit de ces preuves accablantes, Belkacem avait commencé par nier farouchement les faits, avant de reconnaître sa responsabilité. Les policiers qui avaient mené l'interrogatoire avaient eu recours aux vieilles ficelles du métier pour lui forcer la main : pourquoi niait-il ? Il n'était pas un voyou, mais un véritable « guerrier » ! Un véritable « combattant » ne pouvait qu'assumer ses actes…

En assistant aux premiers échanges avec Merah, Amaury comprit très vite qu'il allait non seulement passer aux aveux de façon détaillée, mais raconter toute son histoire depuis le début. Il décida alors, immédiatement, de procéder à l'enregistrement de ses confessions, et de faire venir un officier de police judiciaire de la SDAT, afin de tout acter. Il conservait en mémoire l'affaire Durn, à laquelle il avait participé en tant que jeune commissaire à la brigade criminelle de la section antiterroriste de Paris. C'était en 2002, au mois de mars. Alors que le conseil municipal de Nanterre venait de se réunir à l'hôtel de ville, un homme avait ouvert le feu à plus de trente reprises sur les élus avant d'être finalement maîtrisé, tuant 8 personnes et en blessant 19 autres. Emmené au 36, quai des Orfèvres pour y être interrogé, Richard Durn avait profité de son interrogatoire pour se défenestrer brusquement du quatrième étage, à travers une étroite lucarne. Fort heureusement, avant de se suicider, il était passé aux aveux. Le procès-verbal avait été montré aux familles des victimes par le parquet, et cela avait facilité leur travail de deuil.

Il valait mieux être prudent. Puisque Merah semblait disposé à parler, il fallait l'y encourager et ne rien laisser au hasard.

Le petit appartement du rez-de-chaussée, investi par le Raid quelques heures plus tôt, avait maintenant pris l'allure d'un vrai quartier général de campagne. Les pièces avaient chacune leur fonction propre : le PC opérationnel était installé dans la chambre à coucher, la cellule négociation et planification dans le séjour. Cette dernière pièce ressemblait à une véritable ruche. On y trouvait le chef négociateur du Raid avec Hassan, plus deux gars de la SDAT pour retranscrire les déclarations de Merah dans la procédure. Une aide négociatrice du Raid était également présente, pour prendre la relève. En attendant, elle s'occupait consciencieusement du « chrono », en recensant, heure par heure, tous les événements et les décisions prises par le chef du Raid, en prévision de la saisine de la justice. Juste à côté, se tenaient Amaury, son adjoint Olivier et le responsable de la planification – un commandant opérationnel chevronné du Raid, chargé de construire, au fur et à mesure de l'évolution de la situation, des « schémas d'assaut élaborés », afin de ne jamais être pris au dépourvu.

C'était depuis cette pièce stratégique que le chef négociateur du Raid, en début de matinée, avait entendu, pour la première fois, Merah parler au talkie de sa reddition. La surprise avait été totale. Jamais, en effet, ce sujet n'avait encore été abordé. Pour se donner les meilleures chances d'aboutir, les négociateurs du Raid évitaient toujours d'aller directement au but. L'expérience montrait qu'il était préférable de donner du temps au forcené, de le laisser s'exprimer pour gagner sa confiance. La question de la reddition n'arrivait, en principe, qu'à l'issue d'un long processus d'accompagnement psychologique, lorsque l'individu revenait à la réalité.

Un sentiment d'euphorie avait gagné les hommes présents dans la pièce et tous ceux qui, comme moi, attendaient à l'extérieur. Était-il possible qu'une affaire aussi mal engagée à l'aube puisse se terminer aussi vite et surtout aussi bien ? L'avenir allait nous apporter une cruelle désillusion. Plusieurs heures après, Merah était encore enfermé chez lui. Il semblait toujours avoir une bonne raison pour repousser l'échéance.

D'abord, c'était du temps qu'il réclamait. Du temps pour profiter des quelques heures de liberté qui lui restaient, et surtout pour « apaiser [son] âme et [son] esprit ». Il savait parfaitement qu'il encourait une peine de réclusion criminelle à perpétuité. Ensuite, c'étaient des réponses à ses questions qu'il attendait. Et des questions, Merah en avait beaucoup pour Hassan : depuis quand les services s'intéressaient-ils à lui ? Quand la police avait-elle fait le lien avec lui ? Comment avait-elle pu remonter sa piste ? Savions-nous vraiment, ce matin, qu'il était l'auteur des attentats ? Quand il avait fini par comprendre qu'en pénétrant chez lui, cette nuit, nous avions encore quelques doutes, il avait triomphé. La ruse était à ses yeux la principale arme de sa guerre à lui. En réussissant à berner la police française presque jusqu'au bout, il avait remporté une grande victoire. Hassan saurait parfaitement, par la suite, jouer de ce sentiment de supériorité pour obtenir de précieuses informations.

27

Progressivement, Amaury et ses hommes s'aperçurent qu'en dépit de ses déclarations répétées Merah ne se rendrait pas facilement. Personne, à ce moment-là, n'était vraiment capable de déchiffrer ses intentions. Le Raid misait beaucoup sur le fait que Merah semblait fier de ses actes qui avaient « fait trembler la France ». L'organisation d'un procès pourrait très bien lui servir de tribune pour les exposer au monde entier. Tout au long de la matinée, un débat avait eu lieu au sein du PC. Le patron du Raid se trouvait dans le camp des optimistes, avec le chef négociateur. Olivier Richardot, en revanche, se montrait plutôt pessimiste. Quant au psychologue, il était très réservé sur les chances réelles d'une reddition sans histoires. Le profil de Merah lui paraissait mortifère et sa démarche profondément suicidaire. Si les pulsions de mort l'emportaient sur son instinct de survie, il y avait peu de chances pour qu'il se laisse prendre vivant. En tout cas, une chose paraissait claire à tout le monde : se précipiter pour donner l'assaut ne servirait qu'à aggraver la situation. Il fallait laisser une chance aux deux négociateurs, en misant particulièrement sur la relation de confiance que Merah semblait entretenir avec Hassan.

Au début, l'agent de la DCRI avait paru un peu fébrile au Raid. Il est vrai que son métier ne l'avait guère préparé à gérer une telle situation. Il fallait imaginer ce petit homme maigre, plutôt habitué à l'analyse qu'aux opérations de terrain, parachuté brutalement au milieu d'une zone de combats, revêtu d'un gilet pare-balles et chargé de négocier avec un tueur en série se réclamant d'Al-Qaïda. Merah avait tout fait, au début, d'ailleurs, pour le déstabiliser, en lui apprenant que son nom était en bonne place sur la liste noire des personnes qu'il comptait abattre.

Pire encore, il était déjà passé à côté de la mort sans le savoir, puisque Merah lui avait tendu un guet-apens, sans succès. « Je t'avais ciblé », avait-il tranquillement dit à Hassan. Il avait prévu de l'attirer quelque part, sous prétexte de lui donner une information, avant de l'abattre d'une balle en pleine tête. Merah n'avait pas prévu que le policier chargé de transmettre le message à Hassan ne lui ferait pas la commission. Que celui-ci ait tout simplement oublié, ou qu'il ait trouvé le procédé suspect, Hassan lui devait une fière chandelle.

L'agent de la DCRI n'était qu'une des nombreuses cibles repérées par Merah. Tout au long de la discussion, on allait s'apercevoir qu'il y en avait beaucoup d'autres encore. Le lundi 19 mars, il s'était ainsi posté, aux environs de 5 heures du matin, devant le domicile d'un militaire travaillant à la caserne du quartier Pradère à Toulouse. Il l'avait suivi comme à son habitude, quelques jours auparavant. Il connaissait ses habitudes.

Embusqué près du portail, derrière les poubelles, il avait prévu de tirer sur lui à travers le pare-brise, au moment où le véhicule marquerait un temps d'arrêt devant lui. Mais ce jour-là, le militaire avait décidé d'ouvrir son portail de loin, et sa voiture était passée devant Merah, sans s'arrêter. Les enfants de l'école Ozar-Hatorah n'auraient pas cette chance, puisque c'est en chemin pour rentrer chez lui, deux heures plus tard, qu'il s'en prendrait à eux, à l'improviste.

Ce jour même où le Raid intervenait à son domicile, Merah avait programmé de retourner chez ce militaire pour tenter à nouveau de l'abattre. L'opération ne présentait, en effet, guère de risque. Mais il avait décidé, cette fois, d'être prudent et de changer son mode opératoire pour brouiller les pistes : il aurait pris sa voiture au lieu de son scooter et porté une cagoule noire à la place de son habituel casque intégral. Il aurait changé d'arme, aussi, en utilisant le colt qu'il venait de remettre à la police. Toujours du 11.43. Les hommes d'Amaury avaient eu beaucoup de chance de le trouver chez lui, parce qu'il s'apprêtait à quitter définitivement son appartement pour s'installer en lieu sûr, chez une de ses amies. Il l'avait recroisée récemment en discothèque et lui avait demandé de l'héberger quelques jours, juste le temps de « régler des problèmes personnels ».

Ce n'était pas tout. Merah avait encore d'autres objectifs en tête, des policiers, en particulier, comme le chef de la brigade anticriminalité de Toulouse. Il avait réussi à obtenir son adresse, comme celle d'un certain nombre de ses collègues de la région. En décidant de l'interpeller immédiatement, dans la nuit de mardi à mercredi, on avait sans doute évité l'une des pires cavales sanglantes de ces dernières années. Car Merah n'aurait reculé devant aucune extrémité. Sachant dès le départ que ses jours étaient comptés et que la police finirait forcément par l'arrêter ou le tuer rapidement, il avait décidé de multiplier les attentats, au culot, presque au hasard, s'en prenant à n'importe quel policier ou gendarme dans la rue. Il avait même imaginé un final en forme d'apothéose, à la Rambo ou à la Scarface : projeter une voiture-bélier puissante sur la façade d'un commissariat, et ouvrir le feu, une fois dedans : « J'aurais canardé jusqu'à ce qu'on me tue. »

Tuer… Ce geste qui l'avait fortement éprouvé la première fois, après le meurtre d'Ibn Ziaten, fatigué psychologiquement et physiquement, au point de ressentir le besoin de dormir, était désormais devenu naturel pour lui. Enfermé dans une spirale infernale, maladive, il avouait y avoir pris goût après la fusillade de Montauban : « Je ressentais mon cœur apaisé. Et comme il était apaisé je voulais refaire ça… Je me sentais de mieux en mieux. » Hassan et ses voisins de la cellule de négociation comprenaient que le jeune délinquant des Izards était devenu en l'espace de quelques années, sous couvert de fanatisme religieux, un authentique tueur en série boulimique, un dangereux psychopathe retirant du plaisir de ses crimes. Son comportement de prédateur et son mode opératoire le rapprochaient d'ailleurs davantage du *serial killer* que du terroriste.

28

La journée de mercredi, perçue par les médias comme une longue attente, nous parut en réalité très courte Depuis le début de la matinée, nous avions engagé une véritable course contre la montre pour recueillir un maximum d'informations en un minimum de temps. Merah se montrait disposé à collaborer pour le moment, mais il pouvait décider de rompre brutalement le contact. Hassan, qui semblait avoir gagné sa confiance, remplissait parfaitement sa mission, avec l'aide des négociateurs professionnels qui l'assistaient. Au fil des heures, il réussit à obtenir de précieux renseignements pour son service, mais aussi pour ses collègues de la police judiciaire.

En tant qu'agent de la DCRI, Hassan s'intéressait particulièrement au parcours de Merah et à celui de sa radicalisation. Il avait l'opportunité unique, non seulement d'en savoir plus sur les zones d'ombre de sa vie, mais surtout de comprendre comment il avait basculé dans l'action armée.

Tout avait commencé le 18 février 2008, date de sa conversion à l'islam fondamentaliste, alors qu'il effectuait un séjour au centre pénitentiaire de Seysses, dans la proche banlieue de Toulouse. Merah avouait avoir eu du mal à supporter son incarcération et trouvé de l'aide dans la religion et la prière. Personne ne l'avait apparemment incité à se convertir. Sa démarche personnelle l'avait même marginalisé au sein de l'établissement. Sa radicalisation avait été immédiate, puisque, à peine quelques mois après sa libération, au printemps 2010, il avait effectué un premier voyage, en Algérie, pays d'origine de ses parents, pour tenter de rejoindre des groupes armés depuis la petite ville côtière de Corso, à 25 kilomètres à l'est d'Alger. Il avait effectivement appris que des combattants islamistes se cachaient dans la wilaya de Boumerdès. Encore fallait-il avoir des contacts pour les rencontrer, ce qui n'était pas son cas. Au bout de deux mois, Merah, qui ne se plaisait pas en Algérie, avait dû regagner la France. C'était à son retour qu'il avait cherché à entrer dans la Légion. Il s'était renseigné, ici même, à quelques centaines de mètres de chez lui, à la caserne Pérignon, dans un but bien précis : s'engager pour rejoindre l'Afghanistan et retourner son arme, pendant un combat, contre les militaires, avant de rejoindre les talibans.

En fait, Merah avait abandonné très vite ce nouveau projet et ne s'était même pas présenté à sa convocation. Il lui paraissait plus simple de partir, une fois encore, tenter l'aventure à l'étranger. Muni d'un simple billet aller-retour pour Damas, initialement pour suivre des cours d'études islamiques à l'université d'Abou Nour, il avait finalement décidé de voyager dans toute la région. Hassan connaissait parfaitement le détail du périple que Merah avait effectué jusqu'à son retour en France, au mois de décembre 2010. Son service avait constitué un gros dossier sur le sujet à la suite de son arrestation par la police afghane, et il avait participé à l'entretien de débriefing que ses collègues de Paris avaient eu avec Merah, un an après son retour de Kaboul. Le ton de leur conversation était toutefois, maintenant, très différent. Sans chercher le moins du monde à cacher la vérité, Merah parlait désormais, sans la moindre retenue, de son odyssée au Proche-Orient.

L'objectif était bien de « rencontrer des frères » pour combattre à leurs côtés. Mais sans réseau, sans filière organisée, la chose n'était pas facile. Suite à de nombreuses opérations d'infiltration, les groupes islamistes armés étaient devenus extrêmement méfiants. Merah lui-même, parce qu'il ne souhaitait pas attirer l'attention des différents services de contre-terrorisme, avait décidé de maquiller le véritable but de son voyage derrière la visite de nombreuses destinations touristiques, comme la Turquie, le Liban, la Jordanie, Israël ou l'Égypte, où il avait retrouvé son frère Abdelkader et sa sœur aînée Souad. Entre-temps, à partir du Kurdistan turc, il avait réussi à rejoindre le nord de l'Irak, en taxi, au culot, pensant y trouver des combattants. Mais Mossoul et ses environs étaient entièrement sous contrôle de l'armée irakienne, qui multipliait les barrages. Merah pensait avoir plus de chance en Afghanistan, pays en guerre. Il était parti du Caire pour le Tadjikistan, ayant appris en s'inscrivant sur le Net à un forum de discussions dédié aux voyageurs que l'on pouvait assez facilement obtenir un visa pour Kaboul depuis Douchanbé, la capitale tadjik située à moins de 150 kilomètres de la frontière afghane.

Une fois arrivé en Afghanistan, Merah avait eu recours à une stratégie très improbable. Ne connaissant personne sur place, il avait joué les touristes, pris un taxi pour se rendre dans les zones réputées dangereuses. Son idée était justement de se faire kidnapper. L'aventure était particulièrement risquée, même si, en cas de capture, il avait prévu de réciter plusieurs versets du Coran afin de convaincre ses ravisseurs de ses « bonnes » intentions. Merah avait au moins autant de chances de se faire tuer que de tomber sur une patrouille de contrôle. Le sort, venant contrarier ses plans, l'avait épargné : sur la route de Kandahar, il avait fini par se faire arrêter par l'armée régulière afghane. Il s'en était tiré en continuant de jouer sa partition, bredouillant maladroitement quelques mots en arabe, à l'aide d'un dictionnaire de poche, pour expliquer que son chauffeur de taxi s'était en fait trompé de route. Son stratagème avait en partie réussi. Merah n'avait pas été arrêté, mais son voyage en Afghanistan était terminé, de même que ses rêves de combattre aux côtés des talibans. Deux années après, il se souvenait encore de ce gros 4 × 4 de l'armée afghane dans lequel il était monté, de la lourde mitrailleuse installée à l'arrière, des étuis percutés à ses pieds, et surtout du sang séché sur le plancher. Percevant sa surprise et son malaise, le militaire qui l'escortait lui avait simplement dit : « Ici, c'est la guerre, mon fils. »

29

Merah était rentré en France déçu, bien décidé à retenter sa chance rapidement. C'est ce qu'il allait faire huit mois plus tard, en obtenant un visa pour le Pakistan, cette fois. C'était dans ce pays qu'il allait enfin avoir le contact qu'il attendait depuis sa sortie de prison. Tout avait commencé à Islamabad, dans une mosquée où prêchait un homme réputé proche des talibans, dont les enfants avaient été tués par l'armée pakistanaise. Merah en avait entendu parler. Il s'était confié à lui ouvertement, en arabe, lui disant qu'il était venu exprès de France pour le voir. Il avait dû paraître convaincant, puisque son interlocuteur avait finalement décidé de l'emmener chez lui et de lui faire rencontrer un émir. Merah avait accepté mais restait sur ses gardes, craignant de tomber dans un traquenard des services de renseignement pakistanais. Même sur la route qui l'emmenait en moto vers le Waziristan, Merah avait encore un doute. L'homme qui le conduisait transportait bien des armes à destination des zones tribales, mais en chemin, il s'était arrêté pour discuter avec un militaire armé d'une kalachnikov. Le conducteur avait rassuré son passager, inquiet, en lui expliquant que les talibans et l'armée avaient passé une sorte de pacte de non-agression dans la région…

Après une période d'isolement, où les talibans avaient vérifié que Merah était bien celui qu'il prétendait être, à savoir un candidat au djihad et non un agent infiltré, il avait acheté son équipement. C'est là, dans un camp du Waziristan du Nord, placé sous l'autorité de l'émir d'Al-Qaïda Abu Yahya Al-Libi, que Merah avait suivi, sous le nom de Yussuf El Maghrebi, un bref entraînement d'une demi-journée au maniement des armes. Ayant refusé de travailler les explosifs, il s'était uniquement concentré sur l'usage d'armes de poing : démontage, remontage et tir de précision. En quelques heures, Merah avait appris à utiliser tout ce qui existait sur le marché : du colt à la kalachnikov, en passant par les grosses mitrailleuses. Cette formation lui permettait de se servir sommairement d'une arme, mais pas d'en faire un expert. C'est ainsi que, dans la précipitation de son premier meurtre, il allait tenter de recharger une arme déjà chambrée.

À peine initié, Merah avait été envoyé en opération avec un taliban plus expérimenté. Les deux hommes devaient attaquer une ambassade à Islamabad. Mais devant le dispositif de sécurité déployé, ils avaient finalement dû renoncer à leur projet.

À cette époque, Merah n'avait pas encore clairement choisi la voie qu'il voulait emprunter. Il pouvait faire comme la majorité de ceux avec lesquels il s'était entraîné dans les montagnes, c'est-à-dire combattre sur place, à leurs côtés, ou bien rentrer en France, afin d'y introduire le djihad. Il s'en était ouvert à l'un de ses compagnons d'armes, qui l'avait conforté dans ce dernier choix : « Rentre en France, lui avait-il dit. Tue-les en France, c'est plus important. » Merah avait suivi ce conseil, pour « faire son devoir », comme il l'expliquait à Hassan, et pour « vivifier la communauté musulmane ». Après lui, il espérait que d'autres musulmans se réveilleraient et prendraient les armes, « afin que la France ne connaisse aucune tranquillité ».

Approuvant sa décision, ses contacts lui avaient alors proposé d'abattre certaines cibles qu'ils jugeaient prioritaires à Paris, et de lui apporter le soutien matériel nécessaire. Des diplomates de premier plan, l'ambassadeur de l'Inde en France, par exemple, étaient visés, comme des personnalités du monde des affaires, chefs de presse notamment. Des ministres, aussi, semblaient être sur la liste noire d'Al-Qaïda, mais Merah n'en gardait plus un souvenir très précis. En tout cas, il avait décliné chacune de ces propositions, qu'il jugeait trop ambitieuses pour lui.

Merah redoutait que les services ne découvrent ses plans et ne l'arrêtent avant qu'il n'ait pu passer à l'action. Voilà pourquoi il avait refusé l'argent qu'on lui proposait en partant, argent liquide ou virement bancaire qui n'auraient pas manqué d'intriguer les autorités, s'il avait été interpellé en revenant. C'était également par prudence qu'il avait décidé de ne plus donner signe de vie à ses contacts au Pakistan, une fois rentré au pays, et qu'il s'était décidé à agir aussi vite, à peine quatre mois après. Car Merah en était convaincu : les agents de la DCRI, qui l'avaient interrogé à son retour, n'avaient pas été dupes de ses séjours touristiques ni de ses projets matrimoniaux au Pakistan. Il pensait qu'ils étaient sur ses traces et qu'ils finiraient, tôt ou tard, par découvrir ses réelles intentions. L'un des hommes qui l'avaient débriefé lui avait laissé entendre qu'ils avaient consulté son courrier électronique. Or Merah avait conscience d'avoir commis quelques imprudences, à une époque où il comptait rester combattre avec les talibans : il avait envoyé à sa mère plusieurs courriels depuis la zone tribale du Waziristan où il séjournait, or cette zone était connue des spécialistes pour abriter de nombreux camps d'entraînement talibans. Son arrestation n'était donc plus désormais qu'une question de temps. Il lui fallait vite se procurer des armes et attaquer.

30

Pour ne pas rompre la relation de confiance particulière qui semblait exister entre Merah et lui, Hassan s'était également chargé de la partie plus judiciaire de l'entretien. Le chef négociateur du Raid n'intervenait à l'antenne, brievement, que pour permettre au brigadier de la DCRI de reprendre son souffle, et pour rappeler à Merah qu'il avait promis de se rendre. Entre-temps, Hassan recueillait des précisions déterminantes pour la suite de la procédure. Le plus souvent, il le laissait parler, se contentant de l'interrompre pour lui demander quelques éclaircissements, ici ou là. D'autres fois, il orientait en douceur la conversation, pour l'amener sur le terrain qu'il avait choisi. Merah se braquait rarement. Il fallait juste beaucoup de sang-froid pour l'écouter parler tranquillement, et sans la moindre empathie, des victimes de ses meurtres.

Au Pakistan, un taliban d'origine arabe lui avait conseillé de frapper indistinctement tous les mécréants, en particulier les homosexuels et les couples qui s'embrassent en public. Mais Merah avait préféré cibler en priorité ceux qui symbolisaient à ses yeux les vrais

« ennemis », à savoir les militaires et les juifs. À travers ces meurtres, Merah se voulait porteur d'un message, un message de vengeance. Vengeance contre l'armée française, qui menait une guerre injuste en Afghanistan, en empêchant l'instauration d'un régime islamique. Vengeance contre les juifs qui s'en prenaient, en Palestine, à des enfants, qu'il considérait comme ses « petits frères » et « petites sœurs ».

Merah se montrait également disert sur son passage à l'acte. Il avait commencé à s'équiper dès son retour du Pakistan : gilet pare-balles, menottes, armes. Dépourvu de réseau, et ayant refusé toute aide matérielle extérieure, il avait dû chercher des armes un peu partout en France, dans les quartiers sensibles, les payant au prix fort, pour être sûr d'en acquérir. « Trouve-moi telle et telle arme. Je te la prends, ton prix sera le mien », disait-il, au culot, à ses interlocuteurs. Il les payait en liquide, avec de l'argent provenant vraisemblablement de petits braquages. Le colt chromé qu'il avait jeté un peu plus tôt par le balcon lui avait ainsi coûté 1 800 euros. Celui qu'il avait utilisé à Toulouse et à Montauban, 1 200 euros. Le fusil à pompe Spas 12, 1 000 euros. Le pistolet mitrailleur Uzi, également, lui avait coûté cher. Merah avait cherché à acquérir une kalachnikov, mais celle qu'il avait pu se procurer n'avait qu'un seul chargeur et peu de munitions, ce qui ne convenait pas au type d'action rapide qu'il envisageait. Merah rapportait chacune de ses acquisitions chez lui, plus d'une dizaine au total, les nettoyait et allait les enterrer en les protégeant soigneusement. Parfois, il partait s'exercer avec, hors de Toulouse, vers Balma, dans un tunnel discret passant sous la rocade.

Il avait récupéré tout son arsenal juste avant de passer à l'action. Depuis, il se promenait constamment armé, avec un colt dans une sacoche, à portée de main, de façon à pouvoir immédiatement riposter en cas de contrôle.

Merah racontait également comment il avait loué et payé d'avance deux box dans lesquels étaient garés sa « voiture de fuite », une Clio noire qu'il avait achetée d'occasion à Avignon, et le scooter qu'il avait volé, juste avant le premier meurtre. À l'origine, il avait prévu de s'emparer d'un Gilera GP 800, l'un des plus gros scooters du marché, au domicile de son propriétaire qu'il avait suivi peu de temps auparavant. Finalement, une autre occasion, moins risquée, s'était présentée un jour qu'il traversait Toulouse en voiture. Un T-Max 530 était là, devant lui, vers l'avenue des États-Unis, à côté de la carrosserie Sérignac, les clefs sur le contact. La suite avait été racontée pendant le week-end à Christian Lothion, au commissariat, par le propriétaire imprudent.

L'après-midi, Merah allait donner au Raid qui s'impatientait, en plus de la Mégane stationnée derrière l'immeuble, les adresses de ses deux planques. Dans la première, située à Purpan, on découvrirait le fameux scooter aperçu sur les scènes de crime, ainsi que deux casques, l'un blanc, l'autre noir, et une cagoule. Dans la seconde, plus tard au cours de la journée, on trouverait la Clio, avec, à l'intérieur, des affaires de rechange, une somme d'argent et, surtout, l'arme ayant servi lors des différents meurtres.

Concernant ces exécutions, justement, Merah apporta plusieurs précisions inconnues des enquêteurs. Le dimanche 11 mars, pour son premier assassinat, il avait rencontré de la résistance et beaucoup de courage en la personne du sergent-chef Ibn Ziaten. Ce dernier avait, en effet, refusé de s'allonger sous la menace de son arme et l'avait même défié au seuil de la mort. Mais, surtout, Merah révélait qu'après avoir tiré sa première balle une patrouille de gendarmerie était passée non loin de lui, suffisamment près, en tout cas, pour qu'il aperçoive une femme au volant, avec un homme à ses côtés. Comme la conductrice semblait l'avoir regardé « droit dans les yeux », Merah était persuadé qu'elle avait aussi dû entendre la détonation. Après sa sortie nocturne du mardi, au nez et à la barbe de ceux qui étaient censés le surveiller, c'était la seconde surprise incroyable de la journée. Hassan ayant eu du mal à dissimuler son étonnement, Merah avait aussitôt ajouté, afin qu'on ne mette pas en doute sa parole, qu'il avait tout filmé, ce premier meurtre comme les deux suivants, et que sa vidéo serait bientôt disponible sur le Net, grâce à l'intervention de quelques amis. Il précisait avoir réalisé lui-même le montage vidéo, en y insérant des versets du Coran. La diffusion de ces images sur des chaînes algériennes ou Al Jazeera était censée motiver ses frères moudjahidine et semer « l'effroi dans [nos] cœurs ».

Revenant sur la tuerie de Montauban, Merah raconta comment il avait préparé brièvement son opération pour éviter d'attirer l'attention des services. Frapper vite lui donnait l'avantage. Il le savait très bien. Ses recherches, la veille, avaient donc été limitées au strict minimum, pour repérer la caserne, implantée dans le quartier Doumerc. Elle accueillait depuis 1974 le 17e régiment de génie parachutiste. Arrivant sur place, il avait découvert que de nombreux militaires se promenaient en uniforme un peu partout en ville. Il était donc revenu le lendemain, sans plan précis, déambulant au hasard des rues, mais avec l'intention de viser au moins deux parachutistes. C'est en passant dans la rue du 1er-Bataillon-de-Choc, en scooter, qu'il avait aperçu au loin un groupe de trois hommes en tenue, en train de retirer de l'argent : le caporal Abel Chennouf et les soldats de première classe Mohamed Legouad et Loïc Liber.

Merah sut qu'après cette opération la police rechercherait un scooter noir. Il avait donc décidé de repeindre entièrement le sien en blanc, à la bombe, en attendant d'en trouver un autre. Il reconnaissait avoir bâclé un peu le travail, en sous-sol, pour éviter de se faire remarquer. Il n'avait même pas pris la peine de changer les plaques d'immatriculation : des bouts de Scotch avaient suffi à modifier les numéros. Il fallait juste faire illusion de loin et éviter de donner l'alerte.

Quant à l'attaque de l'école Ozar-Hatorah, elle avait été, on le sait, totalement improvisée. C'était en rentrant d'une opération avortée qu'il avait décidé de frapper, en voyant un groupe d'écoliers avec des parents devant l'établissement. Les faits s'étaient déroulés très vite. Il avait d'abord fait usage de son pistolet-mitrailleur de type micro-Uzi, tirant une dizaine de balles sur les trente-deux que comptait son chargeur. Puis l'arme s'était enrayée, pour cause de munitions humides. Pendant qu'il reprenait son colt 45, de nombreux enfants avaient eu le temps de se mettre à l'abri. Pas tous, malheureusement. En remontant ensuite sur son scooter, il s'était retrouvé face à une camionnette blanche qui s'apprêtait à entrer dans la cour. Il n'avait pas hésité à ouvrir le feu sur le chauffeur, juste une balle, la dernière. Dans sa précipitation, il n'avait pas atteint sa cible, qui avait brusquement entamé une marche arrière. Plutôt que de recharger son arme, il avait préféré s'enfuir et aller cacher son scooter, avant de repartir chez lui en voiture.

Au total, mis à part quelques pauses qu'il s'était accordées pour prier et se reposer, en fin de matinée, dans l'après-midi et dans la soirée, Merah avait passé toute la journée à parler au talkie avec Hassan. À aucun moment, lors de cette longue conversation, il n'apparut particulièrement stressé, déboussolé ou agressif avec son interlocuteur. La seule impression qui ressortait clairement était plutôt que Merah prolongeait volontairement ces échanges. Était-ce vraiment pour gagner encore un peu de temps avant de se rendre ?

31

À l'extérieur, nous étions nombreux à penser que ces longues heures de négociation étaient plutôt encourageantes. Merah s'expliquait sur les faits qu'il avait reconnus, donnait à la police toutes ses caches, les unes après les autres, et détaillait son parcours. Un parcours atypique, déconcertant même. D'un côté, Merah affichait une détermination farouche et constante, peu commune pour un garçon de vingt-trois ans. Sans appui logistique ni aide extérieure, il s'était lancé dans une aventure pour le moins incertaine qui l'avait mené à l'autre bout du monde. En dépit de ses incidents de parcours, il n'avait jamais abandonné l'objectif qu'il s'était fixé : rencontrer les talibans et se faire reconnaître par eux comme un des leurs. Ceci fait, de retour au pays, il avait méthodiquement suivi son plan, dissimulé ses projets à son entourage et aux agents qui le surveillaient, puis était passé soudainement à l'action, sans trembler.

D'un autre côté, son parcours trahissait un amateurisme à peine croyable. En fait, il était dur de l'admettre, mais Merah, servi par un culot monstre, avait eu de la chance dans toutes ses entreprises, beaucoup de chance.

Je pensais en particulier à la façon dont il avait voyagé en Afghanistan, à son invraisemblable périple en taxi dans ces montagnes infestées de ravisseurs peu scrupuleux, plus motivés par la perspective d'une rançon que par celle de la guerre sainte. Le jeune Toulousain avait pris beaucoup de risques, surtout celui de ne pas revenir en vie. Et pourtant, il était non seulement rentré vivant, mais avait décidé de repartir aussitôt, au Pakistan, toujours sans contacts ni préparation, comme le montrait son itinéraire. Là-bas, il aurait pu finir dans les geôles de l'ISI*, les services de renseignement pakistanais, plutôt que de rejoindre un camp d'entraînement dans le nord-Waziristan. Le choix de ses armes et celui de ses munitions illustraient encore son amateurisme : elles étaient davantage appropriées à un collectionneur qu'à un terroriste.

Mais Merah était-il d'ailleurs vraiment un terroriste ? Au terme de sa longue confession, la question méritait d'être posée. Le personnage était apparu complexe et pour le moins ambigu. Du terroriste, il en avait l'apparence, sans aucun doute. Son discours était bien rodé, sa phraséologie typique : il parlait du « devoir du vrai musulman », de « djihad » et des « ennemis de l'islam ». La religion et les prières rythmaient manifestement sa vie quotidienne. Il était un fondamentaliste convaincu. Tout semblait donc indiquer que le profil de Merah correspondait à celui d'un « loup solitaire » : il agissait seul, n'appartenait à aucun groupe organisé, choisissait librement son mode opératoire et ses cibles, sans directive de quiconque. Mais, en l'écoutant parler, une autre

* Inter-Services Intelligence.

image se dessinait peu à peu sous nos yeux, celle d'un individu narcissique, dénué de culpabilité et d'empathie, avouant tirer du plaisir de ses actes et à débusquer ses proies à la façon d'un prédateur. Avant d'être un terroriste, Mohamed Merah était d'abord un tueur psychopathe.

Je suivais avec intérêt l'évolution des discussions, tout en préparant, au mieux, la visite du Président, prévue dans le courant de l'après-midi. Fort heureusement, Frédéric Péchenard était arrivé de Mayotte en fin de matinée, avec Bob, après un parcours quelque peu acrobatique. La dernière escale, à Paris, avait été particulièrement mouvementée : à peine posés à Roissy, ils avaient voulu sauter dans le premier avion, sans réservations, pour venir nous rejoindre, et n'avaient pu embarquer que grâce à l'intervention personnelle du pilote. Alerté par la PAF de l'intransigeance du chef d'escale, le commandant de bord avait, en effet, refusé de décoller sans le patron de la police !

Maintenant que Frédéric était là, je me sentais moins seul. Fort de sa longue expérience, il avait d'ailleurs immédiatement pris les choses en main. Sa première décision fut de soulager Amaury des multiples comptes rendus qu'il était contraint d'effectuer, plusieurs fois par jour, aux différentes autorités civiles et judiciaires. Désormais, seul Frédéric parlerait au patron du Raid, afin qu'il puisse se consacrer uniquement à sa mission. Ensuite, il décida d'installer le PC autorités dans un endroit plus propice et confortable que la modeste camionnette de la sécurité civile dans laquelle nous avions pris l'habitude de nous réunir depuis les premières heures du jour. Après quelques recherches rapides, Bob avait trouvé l'emplacement idéal : la caserne Pérignon, à moins de dix minutes à pied, où résidait le 48e régiment de transmission. Après quelques aménagements sommaires, nous avions à notre disposition une nouvelle salle de commandement chauffée, dotée d'une ligne téléphonique et d'un poste informatique. Pour ceux, comme moi, qui avaient passé la nuit et la matinée dehors, dans le froid et l'humidité, cette caserne avait des airs de palace. Je m'en voulais de ne pas y avoir pensé plus tôt.

Simon Babre, chef adjoint de cabinet du Président, débarqua alors que nous nous installions dans notre nouveau poste de commandement. Il était arrivé, comme toujours lors des déplacements présidentiels, en « précurseur », plusieurs heures avant, accompagné de quelques membres du Groupe de sécurité de la présidence de la République (GSPR). Il s'agissait de faire un travail minutieux de reconnaissance, afin de préparer et chronométrer les différentes séquences du voyage du Président. Son agenda s'annonçait très chargé, puisqu'il souhaitait, avant de se rendre à la cérémonie des obsèques militaires organisée à Montauban, rencontrer, sur place, à Toulouse, un large public de personnes impliquées dans l'affaire Merah.

En moins de trois heures, nous montâmes avec Simon un programme complet et millimétré au cordeau. Le Président, accompagné du Premier ministre et de Claude Guéant, venu les accueillir, se rendirent tout d'abord à l'hôpital Purpan, au chevet des deux policiers du Raid blessés dans la nuit lors de la tentative d'interpellation de

Merah. Leur moral était bon, et le Président plaisanta même quelques instants avec eux. Pour éviter qu'ils n'aient à porter leur cagoule sur leur lit d'hôpital, aucun photographe ni aucun cameraman ne fut autorisé à entrer dans la chambre. Avant de repartir, le Président répondit aux questions que lui posaient, sur le perron des urgences, un groupe d'infirmières. « Nous voulons le capturer vivant pour qu'il s'explique devant la justice », leur expliqua-t-il. Un des personnels soignants fit part au Président de ses craintes de voir sa religion, l'islam, assimilée aux actes de Merah. « Ces amalgames n'ont pas lieu d'être, lui répondit-il. Je serai ferme sur le sujet. » Le cortège se dirigea ensuite vers le second grand centre hospitalier de la ville, à Rangueil, où se trouvaient soignés Loïc Liber, le parachutiste gravement blessé à Montauban, et le jeune adolescent rescapé du massacre de l'école Ozar-Hatorah. Le premier était encore entre la vie et la mort. L'émotion était palpable dans la délégation officielle.

Le cortège présidentiel arriva dans la cour de la caserne Pérignon à 14 h 15 précises. Pour l'accueillir, nous avions réussi à réunir quelques hommes du Raid qui étaient de repos, et qu'Amaury présenta rapidement. Nous avions rassemblé, dans la salle qui nous tenait lieu de PC, un petit groupe de personnalités, policiers et magistrats, en vue de participer à une réunion de travail. Le Président demanda à Frédéric Péchenard, Christian Lothion et Bernard Squarcini de lui faire un point précis des derniers événements. Il prit ensuite la parole pour nous faire part de son analyse de la situation. La fermeté de son ton me surprit : nous devions, bien entendu, tout faire pour obtenir la reddition de Merah, mais le siège de son appartement ne pouvait pas, non plus, durer indéfiniment. Personne ne pourrait comprendre, en effet, que la police se contente, pendant plusieurs jours, d'encercler l'appartement de l'ennemi public numéro 1, sans aller le chercher. Son message était clair : il y avait un temps pour tout, un temps pour le dialogue et un temps pour agir.

Avant de repartir en direction de Montauban, à une demi-heure de route de là, le Président trouva encore le temps de recevoir les représentants des communautés juive et musulmane de la ville, et de témoigner son soutien aux voisins de Merah, hébergés à la caserne Pérignon depuis leur évacuation.

Pendant toute la séquence présidentielle, Vincent de Bernardi, le conseiller en communication de Guéant, était resté à l'extérieur, dans la cour, pour répondre aux appels incessants des journalistes. Au moment où le cortège de voitures officielles passait les grilles de la caserne, il s'approcha de moi, furibard. Suite à une annonce farfelue sur BFM TV, tous voulaient avoir confirmation que Merah avait bien été arrêté ! Olivier Mazerolle lui-même, éditorialiste vedette de cette fameuse chaîne sur laquelle l'information tournait en boucle depuis le début de l'après-midi, avait également eu le culot de l'appeler. Mais ce qui avait vraiment fait sortir Vincent de ses gonds, lui pourtant si calme d'habitude, était le second appel d'un journaliste de la rédaction de BFM TV : « Dites-moi la vérité ! Vous ne voulez pas confirmer cette information, parce que vous voulez laisser au Président le soin de l'annoncer, c'est ça ? » Vincent avait raccroché au nez de ce pompier pyromane, après l'avoir copieusement insulté.

Le Président, accompagné du Premier ministre et du ministre de l'Intérieur, arriva à la caserne du 17e RGP à Montauban peu avant 16 heures. Gérard Longuet l'attendait. Nicolas Sarkozy se dirigea vers les familles des victimes pour les saluer, avant de passer les troupes en revue. C'est dans une atmosphère presque apocalyptique, avec un vent d'une extrême violence qui soufflait en rafales, que le Président prononça l'éloge funèbre des parachutistes. Les mots qu'il avait choisis étaient puissants. Ils affichaient la détermination sans faille d'un pays qui s'estimait frappé au cœur : « Cet homme voulait mettre la République à genoux, déclara-t-il, la République n'a pas cédé, la République n'a pas reculé, la République n'a pas faibli… La France a été plus forte que celui qui semait la mort et la douleur sur son passage. »

Son discours terminé, le Président se dirigea vers les candidats à la présidentielle qui avaient souhaité, dans ce moment d'union nationale, assister à la cérémonie. Se trouvaient alignés là : François Hollande, François Bayrou, Eva Joly, Marine Le Pen et Nicolas Dupont-Aignan. Totalement inédite dans cette configuration, la présence de ces personnalités politiques avait constitué un vrai casse-tête pour l'armée, au point que les militaires s'étaient retournés vers le service du protocole de Matignon. Après réflexion, il fut décidé que la façon la plus simple de procéder pour placer ces hautes personnalités serait de retenir l'ordre de présentation des candidats du premier tour de l'élection présidentielle, obtenu par tirage au sort. Ce qui, *a priori*, ne devait soulever aucun problème tourna vite à la confusion générale : aucun des candidats ne souhaitait, en effet, s'afficher publiquement aux côtés de la candidate du Front national ! Assailli de toutes parts, Matignon dut s'ingénier à trouver une solution en urgence. C'est ainsi que, pendant toute la cérémonie, Marine Le Pen se retrouva bizarrement flanquée de deux élus locaux, le député castrais Philippe Folliot, et la sénatrice du Val-de-Marne Esther Benbassa.

32

Au terme de cette longue journée, nous nous retrouvâmes pour dîner à la caserne Pérignon. Nous avions transformé notre poste de commandement en mess, pour l'occasion. Il y avait là tout l'état-major de la police, regroupé autour de Frédéric Péchenard. Il ne manquait qu'Amaury de Hauteclocque, qui était resté, bien sûr, auprès de ses hommes. Les plateaux-repas avaient été fournis aimablement par les CRS : hachis parmentier à volonté… et eau minérale ! Frédéric ayant donné l'instruction, quelques mois auparavant, de supprimer le quart de rouge du repas réglementaire des compagnies, nous n'avions pas eu droit, nous non plus, au pichet de vin, en représailles. C'était de bonne guerre ! La nouvelle nous fit sourire, contribuant à détendre un peu l'atmosphère.

Mohamed Merah, qui avait repoussé chacune des échéances précédentes, avait promis une nouvelle fois de se rendre dans la soirée, à 23 heures cette fois-ci. Nous savions qu'un contact devait être établi avec lui par le négociateur, aux alentours de 22 h 45, afin de déterminer les conditions exactes de sa reddition. Tout devait se passer côté balcon. Amaury avait fait venir de Paris un système de batterie d'éclairage surpuissant, semblable à ceux qui équipent les stades pour les rencontres nocturnes. Il avait été convenu que Merah se présente torse nu, en caleçon, les mains en l'air. Le scénario était millimétré et il devait le respecter à la lettre, faute de quoi sa sécurité ne pourrait être assurée. Le Raid avait en effet toutes les raisons de penser qu'il tenterait un dernier baroud d'honneur. Il était bien capable de sortir armé ou revêtu d'une ceinture d'explosifs. On pouvait s'attendre à tout avec lui.

Accompagné du préfet de région, Claude Guéant vint nous rejoindre peu avant l'heure fatidique. Nous passâmes ces dernières minutes dans un complet silence, en nous regardant les uns les autres dans les yeux. Chacun d'entre nous voulait espérer, sans trop y croire, qu'une issue pacifique viendrait mettre fin à cette terrible histoire. Je me souviens d'avoir lancé, à haute voix, le compte à rebours. Il était maintenant 22 h 45. Nous regardâmes alors le téléphone portable de Frédéric. Il demeura silencieux. Plusieurs minutes s'écoulèrent sans que rien ne se passe. Nous comprîmes, avant qu'Amaury ne l'annonce enfin de vive voix, que l'ultime tentative de reddition avait échoué. Le négociateur avait fait tout son possible pour convaincre Mohamed Merah de se rendre, sans résultat.

Nous quittâmes la caserne précipitamment pour rejoindre le théâtre des opérations, quelques centaines de mètres plus loin. Amaury nous attendait et nous fit entrer dans le petit camion du Raid qui servait de PC mobile lors de certaines interventions. Nous étions entassés les uns à côté des autres dans ce véhicule qui ressemblait à s'y méprendre à un camping-car, avec le ministre, le préfet de région, le procureur de Paris, le procureur chef de la section antiterroriste, Christian Lothion, Frédéric Péchenard et quelques autres encore.

Je me tenais voûté, en travers de la porte, écoutant attentivement les explications d'Amaury. Il s'exprimait très calmement, sans stress apparent et avec une grande maîtrise. Le patron du Raid était pourtant fatigué. La dernière volte-face de Merah l'avait moralement atteint. Il s'était engagé totalement dans les négociations et avait fini par y croire. Sa confiance s'était progressivement émoussée au long de la journée, au fur et à mesure que le forcené repoussait encore et encore le moment de sa reddition : d'abord en fin de matinée, puis en début, milieu, fin d'après-midi... Au final, Merah les avait baladés de bout en bout. Avait-il eu jamais l'intention de se rendre ? La question, pour les hommes du Raid, ne s'était pas posée de cette façon. Ils avaient le devoir d'y croire, le devoir de tout faire pour parvenir à une reddition, même si celle-ci pouvait paraître difficile dès le départ.

L'expérience montrait que, dans ce genre de situation, rien n'était écrit d'avance. Les forcenés les plus irréductibles pouvaient, lors d'un siège prolongé, voir leur détermination fléchir. À l'inverse, on avait déjà vu des esprits faibles résister avec acharnement, jusqu'à ce que mort s'ensuive. Nul ne peut prédire avec certitude comment un homme confronté au choc d'une situation aussi extrême, soumis au stress, à la fatigue et à la peur, peut réagir. Obtenir une reddition n'est jamais chose facile. Il faut savoir être patient, deviner les états d'âme précis de celui avec lequel on parle, de l'autre côté de la porte, profiter de chacun de ses moments de doute et de cette lassitude, qui finit toujours inexorablement par survenir, à un moment ou à un autre.

À cette heure, Claude Guéant et le procureur de Paris, François Molins, voulaient savoir si les négociations étaient définitivement rompues ou s'il existait encore une chance, même infime, de pouvoir reprendre contact avec Merah. Amaury sortit de son treillis noir un petit smartphone et le posa sur la table. « Je pense que c'est mort », se contenta-t-il de répondre simplement en nous regardant. Il appuya sur une touche et l'on entendit pour la première fois la voix de Mohamed Merah. Je ne fus pas le seul à être surpris. Ainsi, voilà à quoi ressemblait la voix de l'homme qui avait abattu froidement sept personnes, quatre adultes et trois enfants. Une voix jeune, une voix d'adolescent, incroyablement calme et posée qui s'exprimait dans un bon français. Pas la voix d'un homme traqué, d'un forcené assiégé depuis plus d'un jour par l'unité d'élite de la police française, n'ayant sans doute pas beaucoup dormi ni mangé les douze dernières heures.

Merah expliquait au négociateur du Raid et à Hassan qu'il n'avait plus l'intention de se rendre. Qu'il n'avait en fait jamais eu l'intention de le faire, contrairement à ce qu'il avait affirmé toute la journée aux policiers. Il parlait tranquillement, comme on parle à des amis. Aucune agressivité n'était perceptible dans sa voix. Il y avait comme un mélange de douceur et de détermination qui me paraissait totalement irréel et, en fin de compte, effrayant. Il annonçait qu'il avait fait son choix et qu'il en mesurait les conséquences : « Je sais ce que vous allez faire, disait-il, vous allez rentrer et vous allez m'abattre. » La mort ? Il ne la redoutait pas : « Je n'ai pas peur de la mort. Sinon, j'aurais pas fait tout ça. » Il se comparait aux moudjahidine qui combattent jusqu'au bout et meurent « les armes à la main ».

À l'autre bout du talkie-walkie, le négociateur tentait de le faire revenir sur sa décision, utilisant toutes les ficelles du métier : il lui parlait de sortir « avec les honneurs », de se rendre « la tête haute » et de pouvoir expliquer ses actes lors de son procès. Mais les arguments ne portaient plus. Mohamed Merah avait déjà décidé, et depuis longtemps, qu'il irait jusqu'au bout. Depuis le matin, il avait cherché à gagner du temps, afin de « reprendre de l'énergie » et se préparer « à un éventuel affrontement ». Avant de raccrocher, il lançait un dernier défi aux hommes du Raid : maintenant, c'était eux ou lui. Il déclarait connaître leurs techniques d'intervention et s'y être bien préparé. Il allait se défendre en essayant de faire un maximum de victimes dans leurs rangs avant d'être abattu.

33

Personne ne prit la parole à la fin de l'enregistrement. Le silence dura quelques secondes. Nous étions un peu hébétés par ce que nous venions d'entendre. Stupéfaits et incrédules à la fois. Après toutes ces tueries, ces coups de feu, ce siège qui durait maintenant depuis plus de vingt heures et la perspective d'un assaut probable du Raid, les propos de Merah ne laissaient transparaître ni la peur ni l'excitation. Pas même d'agressivité. Leur violence contrastait avec le ton de la conversation, familier et tranquille. Guéant rompit le silence le premier : quoi qu'il arrive et que l'on décide ce soir, il fallait jusqu'au bout permettre à Merah de se rendre. Mais personne n'y croyait plus. L'affrontement était inévitable désormais. Il fallait s'y préparer.

Les événements qui suivirent cette nuit-là se déroulèrent exactement selon le plan imaginé par Amaury et son état-major. L'idée, qu'il nous avait longuement exposée et qui avait recueilli notre approbation, était d'accroître progressivement la pression sur Merah, de façon à user sa résistance. Nous savions que, de lui-même, il ne chercherait plus à reprendre les négociations. Il fallait donc maintenant le contraindre à le faire, par la manière forte. Ce scénario présentait l'avantage, en cas d'échec, de préparer le terrain à une intervention plus musclée. Durant toute la nuit, le Raid tenta d'établir le contact avec Merah. Ne répondant plus au talkie, les négociateurs l'interpellaient au porte-voix très régulièrement, sans succès.

Aux alentours de minuit, le Raid commença à appliquer la stratégie qui avait été arrêtée. Des hommes se mirent tout d'abord en mouvement à chacune des extrémités de la rue, pour sécuriser un large périmètre autour de l'appartement. Puis un feu puissant de projecteurs éclaira soudain la façade de l'immeuble. L'objectif était d'ouvrir les volets métalliques des trois fenêtres qui donnaient sur la rue du Sergent-Vigné. Deux seulement ouvraient sur le balcon : celles du living-room et de la cuisine. On pourrait ainsi avoir, pour la première fois, un visuel direct sur l'intérieur de l'appartement. Nous observions la scène à une bonne dizaine de mètres de là. Un policier du Raid s'approcha de nous :

— Vous devriez vous boucher les oreilles, ça va pas mal secouer.

En quelques secondes, ils allaient lancer coup sur coup trois grenades contre les volets et la déflagration pouvait être traumatisante. Il s'agissait d'engins très sophistiqués fabriqués en Israël à 14 000 euros pièce, que le Raid utilisait avec parcimonie lors de ses interventions. Ils avaient la particularité de détruire avec une précision chirurgicale toutes les portes et les fenêtres rencontrées à l'impact.

L'effet de souffle fut effectivement impressionnant. Il fit tomber la plupart des vitres du quartier. On imaginait sans peine la peur que Merah avait dû ressentir dans son petit 38 mètres carrés. Juste après la première explosion, on entendit d'ailleurs deux ou trois coups de feu qui claquèrent du fond de l'appartement, en direction de la fenêtre. Puis, plus rien. Ce fut le dernier signe de vie de Mohamed Merah. Il ne répondit jamais aux interpellations du négociateur posté, à l'intérieur de l'immeuble, juste au pied de l'escalier.

Pour ne pas relâcher la pression, toutes les demi-heures, avec la précision d'un métronome, les hommes du Raid envoyaient dans l'appartement, à travers les ouvertures créées par les explosions, des grenades offensives et des *flashbangs*. Les unes comme les autres, utilisées correctement, ne risquaient pas, en principe, de tuer Merah ni de le blesser gravement. On le savait terré dans les toilettes ou la salle de bains, porte fermée. Les grenades offensives faisaient un bruit terrible en explosant et généraient chaque fois un fort effet de souffle. Les grenades *flashbangs*, quant à elles, étaient connues pour leur effet incapacitant. Chacune d'entre elles produisait un grand éclair aveuglant et une puissante impulsion sonore qui désorientaient les sens pendant plusieurs secondes. Après avoir passé l'après-midi à attendre la reddition de Merah, nous avions pris désormais la direction des opérations. C'était à nous, maintenant, de fixer le tempo et les nouvelles règles du jeu.

Au tout début de la nuit, les équipes d'intervention du Raid s'étaient déployées et avaient pris position. Un premier groupe d'hommes s'était hissé sur le balcon de l'appartement voisin et avait pénétré à l'intérieur, pour prendre le contrôle du palier. Une deuxième équipe de six policiers s'était placée dans le couloir de l'immeuble, près de la porte d'entrée de Merah, avec un *door raider*. Une troisième avait rejoint le négociateur, en contrebas de l'escalier. De l'autre côté de la rue, en face, quatre snipers avec leurs chouffes s'étaient installés à l'étage de l'église évangélique et dans le jardin de la villa d'à côté. Quinze mètres à peine les séparaient de leur possible cible, pour le moment invisible. Une distance trop courte pour utiliser leur arme favorite : l'Ultima Ratio. Ce « dernier argument » était un fusil de haute précision semi-automatique, de calibre 7.62, fabriqué spécialement pour les tireurs d'élite du Raid, à leurs mains. Ils avaient donc opté pour un autre fusil de même calibre, le Scar, moins précis, mais arme d'arrêt redoutable. L'avenir le démontrerait.

Au total, Amaury avait déployé sur le dispositif 25 hommes prêts à intervenir à tout moment. Les autres policiers, qui avaient participé à la tentative d'interpellation vingt heures auparavant, étaient partis se reposer à proximité, mobilisables en cas de coup dur. On pouvait en apercevoir certains, assoupis dans leurs voitures garées dans les environs. D'autres étaient allés s'allonger dans l'appartement qui servait depuis la veille de QG au Raid, à quelques mètres seulement de Merah. La plupart des hommes en service, cette nuit, étaient arrivés en renfort, par la route, au cours de la journée. Anticipant un siège long, Amaury avait en effet rappelé tous ses effectifs pour organiser des relèves en temps utile.

34

Une fois encore, la nuit avait été courte. Je m'étais couché avec une boule à l'estomac et elle n'avait pas disparu à mon réveil. Il y avait peu de chances pour que quelque chose se soit passé les dernières heures sans que j'en fusse averti, mais dans ce genre de situation imprévisible, il fallait s'attendre à tout. Je retrouvai Frédéric dans la salle du petit déjeuner à 6 h 30, pour avaler rapidement un café. Il était tendu et n'avait pas fermé l'œil de la nuit, à cause d'un mauvais pressentiment, irrationnel mais tenace. Sa crainte était que l'un de ses hommes ne soit gravement blessé ce matin. Peut-être même tué. J'aurais aimé le rassurer, mais je ne trouvais rien à lui dire, rien qui ne vaille vraiment la peine d'être dit. J'espérais seulement qu'il se trompait.

La route jusqu'à la caserne Pérignon se fit en silence. À peine étions-nous installés autour du ministre et du procureur de Paris que le patron du Raid et son adjoint nous rejoignirent. Il était très exactement 7 heures du matin. Le briefing commença, comme nous en avions pris l'habitude depuis quelques jours, par un point de situation. Il fut bref : il ne s'était absolument rien passé pendant la nuit. Le grenadage avait été constant, mais Merah n'avait pas réagi. Grâce à une échographie de l'appartement réalisée par les spécialistes du Raid, on savait qu'il se trouvait toujours dans la même zone, quelque part entre la salle de bains et les toilettes. Les vingt centimètres d'eau sur le sol rendaient l'analyse technique difficile. Coincé au fond de son appartement, tenu en éveil par les explosions régulières, sans grand-chose à manger ou à boire, si ce n'est des cannettes de boisson énergisante Red Bull, Merah devait être usé, lessivé... s'il vivait encore.

Ce matin, la question était sur toutes les lèvres, et Amaury était bien incapable d'y répondre. En dépit des tentatives répétées du négociateur posté en bas de l'escalier, avec son porte-voix, le contact n'avait pas été rétabli. On lui avait même lancé une nouvelle batterie pour son talkie sur le balcon, mais il n'était pas allé la chercher. Il n'y avait plus aucun signe de vie dans l'appartement. On imaginait que, terré comme il l'était, il avait dû se protéger des projectiles. En vérité, on n'en savait rien. À ce moment précis, une seule chose était certaine : nos provocations n'avaient pas entraîné de réaction de sa part. Alors, forcément, petit à petit, le doute s'installait dans les esprits. Et si...

Et si l'une des trois charges explosives lancées pour arracher les volets l'avait sonné, blessé, peut-être même tué ? Amaury et son adjoint Olivier restaient sans réponse. En principe, les différentes grenades utilisées avaient été maniées avec précaution, de façon à éviter tout accident. Mais personne ne pouvait assurer que des éclats de fenêtres ne l'avaient pas atteint. Et puis, il y avait ces fameux coups de feu qui avaient été entendus la veille après la première explosion. Encerclé, pris au piège chez lui, sans issues possibles, Merah avait peut-être décidé, lui-même, d'en finir une fois pour toutes. « Abattre par-derrière des militaires désarmés ou tuer des gamines à bout portant dans une cour d'école, ce n'est pas la même chose que d'affronter le Raid », m'avait lâché d'un air entendu l'un des flics qui assuraient l'escorte de Guéant. Il n'avait pas tort.

Reste qu'un tel acte n'avait pas de sens. Cela ne ressemblait pas du tout au profil psychologique que je m'étais fait de Merah au cours de ces derniers jours. Après son épopée sanglante, après toute cette mise en scène, cette glorification, finir comme ça, lamentablement, au fond de sa salle de bains, en se tirant une balle dans la tête ? Non, ça ne collait pas, je ne pouvais y croire.

Merah avait sans doute été un jeune psychologiquement fragile, par le passé. Il avait même essayé de se pendre en décembre 2008, alors qu'il était incarcéré à Seysses. Cela lui avait valu un séjour de quinze jours au centre hospitalier psychiatrique Gérard-Marchant de Toulouse. Mais il s'était construit, depuis, autour de l'image du guerrier, du djihadiste, prêt à tout pour parvenir à ses fins. Le sang-froid inhumain avec lequel il avait abattu ses victimes, à Montauban ou à Toulouse, montrait l'état de sa détermination. Je le pensais prêt à mourir en martyr, sans doute, mais pas suicidé. L'islam, d'ailleurs, l'interdisait formellement.

Amaury nous exposa les grandes lignes du plan d'action qu'il avait élaboré progressivement avec son état-major depuis la veille, et arrêté définitivement deux heures plus tôt, sur le coup de 5 heures du matin. Compte tenu du silence radio de Merah, que l'on devait interpréter, à la lumière de ses dernières paroles, comme un refus définitif de poursuivre les négociations, le patron du Raid nous proposait de lancer l'assaut dans la matinée. Ses hommes iraient chercher Merah au fond de sa cachette, en entrant simultanément par la porte, avec une ouverture au *door raider*, et par le balcon. L'idée était de se rapprocher le plus possible de lui, de l'encercler et de pratiquer une petite ouverture dans le mur afin de le gazer. En écoutant Amaury, nous comprîmes rapidement que ce schéma tactique était le résultat de toute une série de contraintes matérielles et techniques. Il s'agissait, en fait, de la pire solution imaginable, à l'exception de toutes les autres.

D'abord, mieux valait aller chercher Merah chez lui que le faire sortir. Cette dernière option présentait des risques évidents. Même si la rue avait été bouclée et si deux équipes du Raid assuraient une protection en amont et en aval de la voie, il était difficilement envisageable de laisser sortir dans la rue un individu armé aussi dangereux, pour tenter de le maîtriser dans un second temps.

Ensuite, le Raid avait un moment imaginé, pour surprendre le forcené, de créer une ouverture dans la pièce où il se retranchait. Peine perdue. Un ingénieur-structure des services de l'État avait été sollicité la veille, afin d'avoir un avis technique sur l'immeuble, le type de bâti et, en particulier, la nature des murs qui faisaient le tour de l'appartement de Merah. Le verdict était sans appel : c'étaient presque tous des murs porteurs, en béton armé. Inimaginable, dans ces conditions, d'avoir recours à une explosion pour faire entrer des hommes par une brèche. Il aurait fallu utiliser au moins 8 kg d'explosifs équivalent TNT pour faire le trou. Avec une telle charge, on risquait non seulement de récupérer Merah en morceaux, mais surtout de faire écrouler tout l'immeuble.

Le seul mur auquel on pouvait s'attaquer était en fait celui qui séparait l'appartement de Merah de celui de son voisin, au bout du couloir à l'entresol, qui avait été évacué mercredi au petit matin. Cette fois, une charge de 5 kg aurait pu suffire. Mais le mur donnait dans la chambre à coucher de Merah, et pas dans sa salle de bains où il avait vraisemblablement trouvé refuge. Le temps d'ouvrir une brèche, de couper le treillage pour faciliter le passage des hommes, puis de se diriger dans l'autre pièce, le forcené aurait tout le temps de se ressaisir. Il était clair que l'effet de surprise ne pouvait jouer qu'en entrant directement dans la salle de bains, ce qui se révélait parfaitement impossible.

L'état-major du Raid avait enfin envisagé différentes solutions pour neutraliser Merah dans son bunker et minimiser les risques que toute opération de ce genre faisait courir tant aux policiers qu'au forcené. L'utilisation du chien d'attaque, si utile à certaines occasions, était ici exclue. Merah avait transformé son deux pièces en véritable camp retranché, plein d'obstacles, et il s'était réfugié dans une pièce fermée. Le recours au gaz lacrymogène avait été également étudié, mais il posait un certain nombre de problèmes techniques qui en limitaient fortement l'intérêt. Les canalisations d'eau avaient été touchées lors des échanges de coups de feu durant la première tentative d'interpellation. Cela avait causé d'importantes fuites dans l'appartement, qui était totalement inondé. Difficile dans ces conditions de saturer l'espace de gaz en lançant depuis l'extérieur des grenades lacrymogènes, sans compter que les volets et les fenêtres avaient été arrachés par les explosions dans la nuit.

En dehors de ce gaz lacrymogène et de sa variante poivrée, le Raid n'avait rien de plus puissant à sa disposition. Il y avait bien eu des recherches à la fin des années 90 pour concevoir un gaz aux effets incapacitants, mais les autorités publiques y avaient mis un terme au début des années 2000, d'abord parce que ces agents chimiques étaient prohibés par plusieurs conventions internationales, ensuite parce que leur usage se montrait dangereux. Ainsi, lors de la prise d'otages du théâtre de Moscou, en octobre 2002, les forces spéciales russes, les fameux Spetsnaz, avaient utilisé un gaz bloquant les fonctions respiratoires, de type soporifique, qui avait tué plus d'une centaine de personnes.

35

Amaury et Olivier repartirent de la caserne Pérignon moins d'une heure après y être arrivés, avec le feu vert des autorités. Il ne leur restait maintenant plus qu'à réunir une dernière fois les chefs d'équipe dans l'appartement qui leur servait de QG opérationnel, avant de lancer l'assaut. Il s'agissait pour le patron du Raid de confirmer à ses hommes que le schéma tactique imaginé un peu plus tôt avait été validé par le ministre et le procureur de la République. Par-dessus tout, Amaury tenait absolument, comme il l'avait déjà fait avant la première tentative d'interpellation, dans la nuit de mardi à mercredi, à banaliser l'assaut qu'ils s'apprêtaient à lancer contre Merah. L'homme était certes dangereux, n'hésiterait pas à ouvrir le feu sur eux, mais ce n'était ni plus ni moins « qu'un mec seul, retranché dans son appartement ». Ceux qui allaient entrer tout à l'heure chez lui devaient arriver à s'extraire du contexte particulier de l'affaire, de sa forte médiatisation nationale et même internationale. Il fallait surtout qu'ils arrivent à faire abstraction de tout ce qu'ils avaient entendu lors des négociations : les paroles sordides et haineuses que

Merah avait prononcées contre ces enfants innocents, simplement parce qu'ils étaient juifs ; sa satisfaction de les avoir abattus avec une arme israélienne. À ce moment précis, chaque homme devait se concentrer sur son travail, sans émotion, sans fébrilité.

La seule vraie question qui se posait, en fait, et qui préoccupait les hommes du Raid, était de savoir si Merah avait piégé son appartement. Certes, jusqu'à présent, on n'avait trouvé aucun explosif dans ses caches. La Mégane comme les deux box visités la veille, dans lesquels étaient garés sa Clio et son scooter, avaient été ouverts sans difficulté. Mais avec Merah, une mauvaise surprise était toujours à craindre. Lui-même ne s'était-il pas vanté auprès d'Hassan d'être un combattant particulièrement « rusé » ? À plusieurs moments, lors de la longue discussion qu'il avait eue avec lui, le jour précédent, Merah avait clairement menacé le Raid d'utiliser des grenades en cas d'assaut soudain : « Il suffit que j'en dégoupille une seule et je vous emmène tous avec moi *inch'Allah* », avait-il ainsi déclaré. Et puis, il y avait eu également cette question bizarre qu'il avait posée, à un moment, sur ses voisins, pour savoir si on les avait évacués de l'immeuble. Elle avait fortement intrigué Hassan, qui s'en était immédiatement ouvert aux hommes du Raid.

L'eau qui recouvrait entièrement le sol rendait malheureusement inutilisables les détecteurs d'explosif. Amaury n'avait aucune réponse satisfaisante à donner à ses hommes. « On verra bien, s'était-il simplement contenté de dire à ses équipes, on sera de toute façon les premiers prévenus. » Sa seule consolation, avait-il ajouté, était de savoir qu'il serait à leurs côtés : il n'aurait donc jamais à rendre de comptes si par malheur les choses tournaient mal !

Cela dit, Amaury demanda à chaque chef d'équipe de se préparer avec ses hommes et de se manifester lorsqu'il les jugerait prêts. Il ne souhaitait pas les brusquer. Nous avions décidé, logiquement, lors de notre réunion à la caserne Pérignon, de laisser au patron du Raid le choix du moment opportun pour agir. C'était indispensable. Je me rappelais une anecdote que Claude Guéant m'avait plusieurs fois racontée. Lors de la fameuse prise d'otages de Marignane, Charles Pasqua avait demandé au capitaine Denis Favier de venir dans son bureau, place Beauvau. Le chef du GIGN s'était vu sommer d'intervenir immédiatement pour libérer les passagers. Le ministre craignait, en effet, que les terroristes ne fassent d'autres victimes si l'assaut n'était pas donné rapidement. « C'est impossible, avait simplement répondu Favier, à la stupeur du ministre de l'Intérieur, mes hommes ne sont pas prêts. » Vingt ans plus tard, Claude Guéant éprouvait encore de l'admiration pour lui.

Amaury savait que le moment de vérité était arrivé, pour lui comme pour ses hommes. Cela faisait presque cinq ans qu'il était à la tête du Raid, avec des dizaines d'opérations sensibles à son actif. Avant chaque assaut, c'était la même chose. Les hommes se regardaient les uns les autres dans le blanc des yeux. Il n'y avait plus de place possible pour l'esbroufe ou le mensonge. Surtout avec quelqu'un comme Merah, qui tirait pour tuer. Amaury, ce jour-là, leur demandait beaucoup, il en était conscient. Il voulait que ses hommes pénètrent dans un appartement peut-être piégé, armés de lanceurs de balles de défense en caoutchouc, pour aller maîtriser l'ennemi public numéro 1. C'est dans des moments comme ceux-là, en voyant le dévouement de ses hommes, leur courage, et surtout la confiance qu'ils ont en lui, qu'un chef mesure pleinement la responsabilité qui est la sienne.

36

Nous avions quitté le PC autorités aux environs de 9 heures pour nous rendre sur le théâtre des opérations. Le trajet, un peu moins de dix minutes de marche à pied pour prendre l'avenue Raymond- Naves puis descendre la rue du Sergent-Vigné, se fit en silence. Il me parut interminable. Pendant que nous prenions place derrière le camion blindé du GIPN, Frédéric s'avança, seul, pour rejoindre Amaury dans son QG. J'aurais donné n'importe quoi pour l'accompagner, et entendre les paroles qu'il allait prononcer devant les hommes du Raid. Mais ma place n'était pas là. Ce que le patron de la police nationale leur dit ce jeudi 22 mars au matin, les yeux dans les yeux, tient en peu de mots : « Prenez-le vivant mais ne vous faites pas tuer ! »

Frédéric ressortit de l'immeuble, quelques minutes à peine après y être entré. Il s'approcha de nous pour confirmer au ministre et au procureur de Paris que les hommes étaient maintenant prêts. Il était 10 heures. Je fixai son visage. Jamais il ne m'avait paru si inquiet depuis que je le connaissais. Il avait les traits tirés, le regard grave. Frédéric avait peur, comme nous tous.

Une peur impossible à surmonter, parce qu'elle ne nous concerne pas directement, mais touche ceux qui nous sont proches.

— Soit il est mort, me dit-il, mais ça m'étonnerait, soit ça va vraiment être l'enfer.

Aussi incroyable que cela puisse paraître, quelques minutes avant de déclencher la plus importante opération policière de ces vingt dernières années, personne ne pouvait dire si l'homme le plus recherché de France était encore vivant ou s'il gisait mort, quelque part dans son appartement. Personne ? Enfin, presque... Mon téléphone se mit à vibrer frénétiquement dans ma poche. L'appel venait de Beauvau. Une voix familière m'annonça soudain : « Mohamed Merah est mort ! » Je restai interloqué. L'information passait apparemment en boucle sur BFM TV. Je fulminais. La bourde de la veille ne leur avait donc pas servi de leçon ! Ils avaient annoncé son arrestation, voilà maintenant qu'ils annonçaient sa mort. Et je ne savais pas encore, à cette heure, qu'ils feraient bientôt pire, en laissant entendre qu'il s'était enfui durant l'assaut. Ils étaient vraiment prêts à tout pour décrocher un scoop avant les autres.

La mort de Merah, pendant la nuit, aurait vraiment été un scénario catastrophe. Notre seule obsession, depuis le début, était justement de « le prendre vivant ». Il s'agissait même d'une instruction claire, venue d'en haut. De tout en haut. « Le Président y tient particulièrement », m'avait confié Claude Guéant dès les premières heures du siège. Chacun d'entre nous en était parfaitement conscient. Mais nous savions aussi que, dans ce type d'opération, tout pouvait arriver, y compris le pire, lorsque le forcené choisissait de ne pas se rendre, et d'attendre la police les armes à la main.

L'affaire du « gang de Roubaix », ceux que la presse avait surnommés les « Ch'tis d'Allah », était depuis la veille au soir dans toutes les têtes. À cette époque, au début du printemps 1996, les policiers du Raid avaient été confrontés à une situation à peu près semblable : de jeunes voyous, moitié délinquants moitié djihadistes, retranchés dans leur appartement après une saga meurtrière, avaient ouvert le feu sur les forces de l'ordre. Des scènes de guerre en plein Roubaix ! On n'avait jamais vu ça auparavant. Quatre d'entre eux avaient finalement préféré se laisser brûler dans l'incendie qu'ils avaient déclenché, plutôt que de se rendre vivants. Ceux qui avaient mené l'assaut disaient qu'ils les avaient entendus crier : « *Allah akbar !* » pendant qu'ils étaient dévorés par les flammes.

Merah avait un parcours tout aussi inquiétant que ces jeunes nordistes. Pire encore, si l'on pensait au nombre de cadavres qu'il avait semés derrière lui : sept en onze jours. Un triste record.

À quelques mètres de là, Bob avait les yeux fixés sur les hommes du Raid qui finissaient de se positionner au pied de l'immeuble. Tout allait se passer dans ce modeste rez-de-jardin surélevé qu'on apercevait, avec sa petite terrasse protégée par un haut parapet. Les policiers d'élite avançaient par petits groupes, en file indienne, armés d'échelles métalliques qui allaient leur servir bientôt à accéder au balcon. Ils étaient très lourdement équipés, avec masque à gaz, casque intégral et gilet pare-balles. Celui qui avait pris la tête du premier détachement gravissait une à une les marches de sa petite échelle, tenant à la main un grand bouclier de protection.

Bob avait l'angoisse moins taiseuse que son patron. Question de nature. Sans quitter la scène des yeux, il s'approcha de moi :

— Ça me rappelle une fois à la Crim', où on était partis chercher un forcené chez lui. Le mec avait monté des portes en enfilade dans le couloir de son appartement. Un vrai malade ! On a fait sauter les portes une par une. Ça nous a pris du temps. On ne savait pas si le gars était vivant ou mort. Tu sais où ce dingue nous attendait ? Sur la cuvette des chiottes, avec un sabre japonais entre les mains ! Il avait un éclat de bois dans le bras et c'était pas une écharde ! On a dû le descendre.

J'étais partagé entre la crainte que Merah ne soit déjà mort et celle qu'il soit encore vivant. Je regardais ces hommes en combinaisons noires qui avançaient lentement, presque au ralenti. Il n'y avait aucun bruit autour de nous. Le temps s'était comme arrêté. C'est précisément à cet instant qu'Emmanuelle Mignon décida de m'appeler. Après un petit moment d'hésitation, je choisis quand même de lui répondre. Emmanuelle ne me téléphonait jamais sans raison, et nos conversations étaient toujours brèves.

— Hugues, Sarko veut qu'on fasse quelque chose pour éviter, à l'avenir, de nouveaux Merah. Que penses-tu de l'idée de créer une nouvelle incrimination dans le code pénal pour ceux qui partent s'entraîner dans les camps djihadistes ?

En plein assaut du Raid, la question d'Emmanuelle avait quelque chose de surréaliste. Je mis quelques secondes à réagir, lui expliquant que le moment n'était pas vraiment idéal pour ce genre de réflexion. Il y avait pourtant urgence. Le Président comptait s'exprimer dans l'après-midi sur le sujet. La veille, il avait demandé à ses équipes de travailler d'arrache-pied pour tirer, à chaud, les leçons de cette tragédie. Il avait organisé, en fin de journée, au domicile de son épouse, une réunion de travail, au cours de laquelle il avait confié à Emmanuelle le soin de lui préparer deux ou trois propositions à la fois utiles et intelligibles. Avec quelques magistrats de haut vol, Emmanuelle avait imaginé, pendant la nuit, une réforme juridique ambitieuse, consistant à pénaliser la consultation habituelle de sites faisant l'apologie du terrorisme et, surtout, le séjour dans des camps d'entraînement étrangers.

L'idée me paraissait excellente. Cependant, manifestement, elle était en proie, à l'Élysée comme au gouvernement, à une forte opposition. Les objections qui étaient avancées ne me surprenaient pas. Depuis cinq ans, quel que soit le sujet, les projets de réformes se heurtaient toujours aux mêmes arguments : soit ce n'était pas le bon moment pour agir, soit la réforme était contre-productive, quand elle n'était pas inconstitutionnelle. Cette fois-ci, la technostructure avait unanimement expliqué que les nouvelles incriminations imaginées, notamment la formation au djihad en terre étrangère, ne servaient tout simplement à rien. C'était particulièrement affligeant, surtout à cet instant précis.

Devant l'importance que revêtait ce type de voyage dans le parcours terroriste de jeunes comme Merah, il n'y avait pas lieu d'hésiter. Certes, tous les citoyens français jouissent de la liberté de se rendre à l'étranger, y compris en Afghanistan et au Pakistan. Mais j'étais bien placé pour savoir que nos services, quand ils parvenaient à les détecter, ne pouvaient presque jamais interpeller ces apprentis djihadistes pour avoir suivi un entraînement dans les montagnes pakistanaises ou dans le désert malien. Je me rappelais que, dans les derniers mois, plusieurs individus ayant tenté de rejoindre l'Afghanistan par leurs propres moyens, un peu comme Merah, avaient été remis en liberté par la justice pour « absence de liens judiciairement prouvés avec des membres ou organisations terroristes connus ». Le reste des critiques qu'Emmanuelle se voyait opposer n'étaient que des arguties juridiques totalement déconnectées de la réalité.

L'appel n'avait duré que quelques minutes. Suffisamment, en tout cas, pour que je réalise que je vivais dans une bulle depuis lundi, complètement isolé du monde extérieur. Un grésillement attira soudain mon attention. Un gaillard du Raid venait de se poster à côté du camion blindé. C'était un des officiers de renseignement. Il portait un gros talkie qui relayait les communications de ses collègues. Il était très précisément 10 h 25 et Amaury venait juste de lancer l'assaut. Coup sur coup, trois explosions retentirent : c'étaient des grenades *flashbangs* lancées à travers les fenêtres, pour permettre aux hommes d'entrer.

37

Le premier groupe du Raid pénétra dans le petit appartement de Mohamed Merah par le balcon, sous la protection des snipers. Deux équipes d'appuis prirent immédiatement position à l'entrée de la cuisine et du salon, afin de permettre au reste du groupe d'investir l'appartement. La progression se faisait pas à pas, sous le contrôle minutieux des démineurs qui marchaient en tête. L'intérieur de l'appartement était entièrement dévasté. Une vraie zone de guerre. Impossible de mettre un pied devant l'autre sans buter ici ou là sur les objets les plus divers : meubles, bouts de volets, matelas, le tout baigné dans vingt centimètres d'eau noirâtre. Après quelques mètres, les hommes du Raid s'immobilisèrent soudainement devant un cordon suspect qui reliait la fenêtre à une lampe de bureau. Près de vingt minutes furent nécessaires pour constater que Merah n'avait pas piégé son appartement. La progression des hommes du Raid se déroulait sans encombre. Le groupe du balcon était désormais en place.

Amaury donna l'ordre à l'équipe qui attendait sur le palier d'entrer. Sous la pression du *door raider*, la porte céda en quelques secondes, en dépit du frigo placé devant. Leur mission était de s'engager dans le couloir en poussant devant eux le « Ramsès », et de le positionner face au bloc sanitaire. Il fallait pouvoir contenir Merah, si jamais il tentait de sortir. Mais l'encombrant bouclier de 180 kg, monté sur des roulettes pour être déplacé plus aisément, se retrouva vite bloqué par les innombrables objets et détritus qui jonchaient le sol.

Le géoradar avait localisé Merah dans l'angle de l'appartement, quelque part entre les toilettes et la salle de bains. À l'aide d'une perche métallique, on commença d'abord à percer le mur des toilettes, parce que c'était la première pièce qui se présentait dans le couloir, et que les hommes du Raid avaient la quasi-certitude que Merah se cachait plutôt dans la pièce attenante. Ils ne se trompaient pas. À peine la brèche était-elle faite que plusieurs coups de feu claquèrent brutalement à travers la porte de la salle de bains. Il était très exactement 11 h 20, et l'assaut avait commencé depuis cinquante-cinq minutes.

Quelques secondes après, les hommes qui étaient en position derrière le « Ramsès » virent surgirent Merah. Il leur fonça dessus sans la moindre hésitation, en tirant en rafale avec son colt 45. Un chargeur long d'une trentaine de balles dépassait de sa crosse. Les policiers, qui étaient à moins d'un mètre de lui, tentèrent d'abord de le neutraliser avec leur gomme-cogne. Mais les balles en caoutchouc de 40 mm, préférées au Taser à cause de l'inondation de l'appartement, ricochèrent sur lui sans effet. Merah portait un gilet pare-balles sous sa djellaba qui le protégeait.

Amaury, qui dirigeait l'opération depuis le palier, donna l'ordre aux tireurs restés à l'extérieur de lancer quelques grenades offensives à faible grammage pour le déstabiliser. Le souffle des explosions sonna tout le monde durant trois ou quatre secondes, puis l'échange de coups de feu reprit de plus belle. Merah tenta une première fois de se diriger vers le balcon, en passant à travers la cuisine, sans succès. Les hommes qui s'y trouvaient postés répliquèrent par un tir de barrage nourri qui le repoussa vers le couloir. La radio étant saturée, c'était maintenant à la voix, et côté balcon, qu'Amaury criait ses instructions. Dedans, c'était un chaos indescriptible. Un chaos bruyant, humide et sombre.

Désormais, les hommes du Raid n'avaient plus le choix : ils devaient absolument stopper Merah avant qu'un nouveau drame ne survienne. Ils décidèrent de le blesser sans le tuer, tirant dans ses bras et dans ses jambes. Plusieurs balles l'atteignirent, mais à la surprise générale, Merah était toujours debout et ripostait de plus belle. Il faisait face au Raid comme jamais personne avant lui ne l'avait fait, avec violence et détermination. Seule la balle d'un sniper qui lui avait transpercé le poignet gauche le contraignit à changer son colt 45 de main.

Ce fut en plein milieu de cette fusillade que les armes de plusieurs policiers s'enrayèrent simultanément. Ce ne pouvait être le fruit du hasard. Plus tard, ils comprirent que c'était à cause du type de cartouches utilisées, du 5.56 « Cop » – variante civile du standard militaire « Otan » –, mis au point par le bureau de l'armement de la police nationale. L'expertise devait en effet révéler que, avec ce calibre sous-chargé pour limiter sa forte capacité destructrice, la récupération des gaz pouvait se révéler insuffisante pour que la culasse revienne en arrière. C'était tout simplement incroyable : les munitions utilisées par toutes les unités d'intervention de la police, et créées spécialement pour elles, se montraient inadaptées au tir intensif. Personne ne s'en était aperçu jusqu'ici, parce que les hommes utilisaient essentiellement le calibre « Otan » à l'entraînement, nettement moins cher à l'achat.

Blessé, incapable de passer en force par la porte, repoussé du balcon, Merah ne pouvait se réfugier que dans l'unique pièce qui lui restait : le living-room. Il se précipita vers la fenêtre et se mit à mitrailler vers la droite, en direction des policiers positionnés sur le balcon. L'un d'entre eux fut touché au niveau du cou et chuta. Le tir de riposte des snipers repoussa Merah pendant quelques secondes. Mais il revint aussitôt à la charge en passant cette fois uniquement le bras au-dehors et en pointant son arme en contrebas. Il fit alors une nouvelle victime en touchant au pied un policier déjà blessé lors de la première tentative d'interpellation. C'est au moment où Merah s'apprêtait à tirer une nouvelle rafale « à la palestinienne », vers l'équipe médicale qui apportait les premiers soins aux hommes du Raid, qu'un des tireurs d'élite postés dans le jardin de la villa d'en face pressa la détente de son fusil Scar. Une balle de 7.65 atteignit Merah en pleine tête. Il bascula par la fenêtre et vint s'affaisser lourdement devant l'entrée de l'immeuble, juste aux pieds d'Amaury. Il était très exactement 11 h 30 du matin. Mohamed Merah était mort. L'affaire était terminée.

38

Les hommes du Raid se rassemblèrent progressivement au pied de l'immeuble. Les choses avaient été si vite que peu d'entre eux, en fait, avaient vraiment réalisé ce qui venait de se passer. Nous-mêmes n'avions rien vu, dans la précipitation de l'action, jusqu'à ce que l'officier du Raid, présent à nos côtés, nous explique que la dernière balle venait de frapper Merah à mort.

Alors que nous nous approchions avec le ministre, Frédéric Péchenard, qui nous avait devancés, nous demanda brusquement de reculer :

— N'avancez pas ! Arrêtez-vous ! Il s'est peut-être piégé. Reculez ! Reculez !

Confus de notre précipitation, nous obéîmes aussitôt. À quelques mètres de nous, les policiers du Raid avaient ôté leur casque. Une cagoule noire leur recouvrait entièrement le visage :

— Il a un petit sac sur lui. On vérifie ce qu'il y a dedans, nous dit l'un d'eux.

Une poignée de secondes plus tard, ses collègues, penchés sur le corps inerte, donnèrent leur feu vert. Fausse alerte. Il n'y avait plus rien à craindre de Merah.

Je m'approchai lentement. Il était juste devant moi, allongé sur le dos. Il portait un jean, un sweat-shirt gris à rayures et des baskets rouges. On devinait sous ses vêtements un gilet pare-balles et une djellaba rentrée dans le pantalon. Son petit sac autour de la taille contenait non pas des explosifs, mais des munitions supplémentaires pour son colt 45.

Je le dévisageai. L'impression était étrange, en vérité. Je ne ressentais aucun sentiment particulier. Pas de haine, encore moins de tristesse. Seulement un mélange indéfinissable de soulagement et de gêne. Maintenant, tout était bien fini. Je regardai un à un les hommes qui m'entouraient. J'essayai de deviner à quoi pouvait bien penser celui qui se tenait juste en face de moi, et qui venait d'allumer sa première cigarette. À rien, sans doute. Il ne paraissait aucunement affecté par le cadavre qui gisait à moins d'un mètre de lui. Sans doute n'était-ce pas le premier qu'il voyait d'aussi près.

En quelques minutes, un groupe important s'était formé. On avait du mal à imaginer qu'un combat d'une violence inouïe venait tout juste de se dérouler, ici même. Bob poussa une petite gueulante :

— Hé ! Écartez-vous ! C'est une scène judiciaire ici. Faites reculer tous ces gens ! C'est une vraie foire ! C'est vraiment n'importe quoi !

La plupart des personnes, enquêteurs et VIP, qui avaient accouru se dispersèrent petit à petit. Nous n'étions plus que quelques-uns à rester sur place et à discuter avec les hommes qui venaient de mener l'assaut. Tous avaient ôté leur cagoule. Ils étaient en sueur. Leurs visages ressemblaient à ceux des sportifs, à la sortie d'un match difficile. Ils commençaient à se relâcher, mais leurs regards trahissaient encore l'épreuve qu'ils venaient de traverser. L'air un peu sonné, aucun d'eux n'en était vraiment revenu. Même les plus anciens, les plus expérimentés n'avaient jamais vu ça auparavant. Comment un jeune de vingt-trois ans pouvait-il avoir autant de haine en lui, de violence et de détermination à tuer comme à mourir ? Pourtant, des détraqués et des forcenés en tout genre qui leur avaient tiré dessus, ils en avaient connu. Merah n'était pas le premier. Ils racontaient encore une fois comment il était soudainement sorti de la salle de bains, « comme un diable de sa boîte ». Comment il avait vidé ses chargeurs sur eux, en leur fonçant dessus, sans hésiter.

— C'est bien la première fois qu'on se fait charger par un mec quand on lance l'assaut !

Amaury venait de nous rejoindre. Il nous fit, avec Frédéric, monter quelques marches à l'échelle pour nous permettre de voir, depuis le balcon, l'intérieur de l'appartement : un invraisemblable foutoir. Des matelas, des armoires renversées, des détritus de toutes sortes et de l'eau, de l'eau partout. On ne pouvait pas mettre un pied devant l'autre. À se demander comment ils avaient pu trouver leurs marques pendant l'assaut.

Tout autour de nous, la vie reprenait son cours normal. Les hommes s'affairaient, repliaient leur matériel et rangeaient leurs équipements. En regardant leur manège, je me disais qu'ils faisaient quand même un drôle de métier : arriver quelque part, comme ça, en plein milieu d'une enquête, monter à l'assaut armés jusqu'aux dents, puis repartir ailleurs, sans savoir ni ou ni quand exactement, au gré de l'actualité et des faits divers.

Nous restâmes encore un moment à discuter, puis nous repartîmes en direction du camion. J'avais l'impression de quitter les lieux avec regret, de devoir m'arracher à ce coin de rue qui avait mobilisé toutes nos forces et notre énergie depuis quatre jours. Quatre jours seulement. Tant d'angoisse, tant de peur et d'excitation. De révolte aussi. Une partie de nous-mêmes resterait là. Je le savais. L'après-midi passa très vite : cérémonie d'honneur pour le Raid, points presse improvisés, visite au CHU de Rangueil pour remonter le moral de nos trois blessés. Puis ce fut l'avion pour Paris et l'accueil chaleureux, plein d'émotion, que nous réservèrent, dans le hall de l'hôtel Beauvau, les autres membres du cabinet.

Les jours suivants, j'éprouvai bizarrement un sentiment de solitude. De désœuvrement même. Comme si ma vraie vie était ailleurs, à Toulouse – pas ici. Nous étions en pleine campagne pour la présidentielle et j'aurais dû normalement me sentir concerné par les événements qui se déroulaient sous mes yeux. Mais je n'arrivais pas à prendre les choses à leur mesure. Sans doute parce que, à côté de cette affaire, de tous ces morts, de toutes ces victimes innocentes qui avaient eu le malheur de croiser un jour la route de Merah, rien ne méritait plus vraiment d'être pris au sérieux.

FIN

Remerciements

Je voudrais dire ma gratitude particulière à Claude Guéant, Amaury de Hauteclocque, Christian Lothion, Frédéric Péchenard et Bernard Squarcini qui ont généreusement partagé avec moi leur expérience exceptionnelle et m'ont accompagné tout au long de la rédaction de ce livre.

Je suis également très reconnaissant à Franck-Philippe, Isabelle et Jeff pour leurs suggestions, leurs critiques et leurs encouragements.

Cet ouvrage a été composé et imprimé par
CPI Firmin Didot à Mesnil-sur-l'Estrée
pour le compte des Éditions Plon
12, avenue d'Italie
*Paris 13e*
en septembre 2013

Dépôt légal : octobre 2013
N° d'édition : 14963 – N° d'impression : 119469
Imprimé en France